Wärmelehre

Sonne, Wärmestrahlung, Wind und Wolken

1 Wenn von einem Körper auf einen anderen Körper Wärme übertragen wird, so ändert sich nicht nur die thermische Energie beider Körper, sondern meist auch ihre Temperatur.
Ergänze die Sätze unter den Körpern!

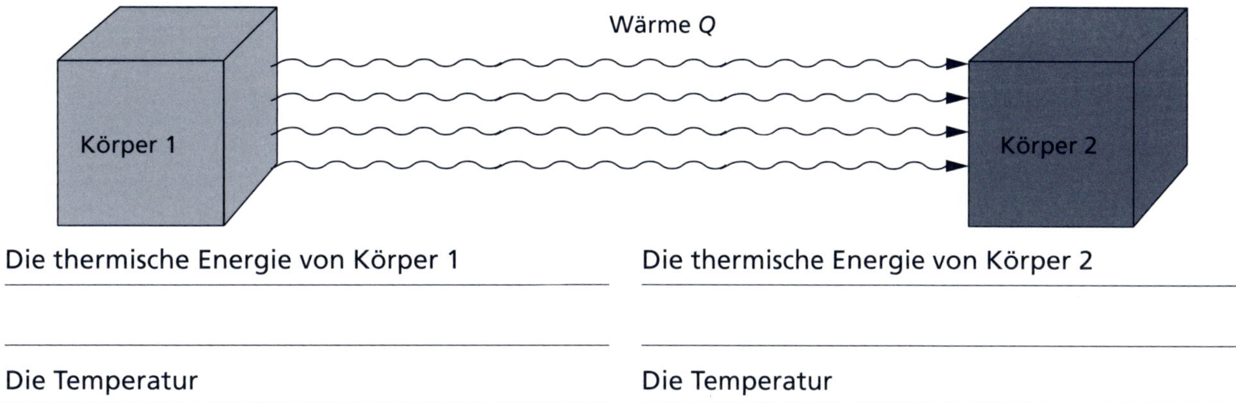

Die thermische Energie von Körper 1 ______________________

____

Die Temperatur ______________________

Die thermische Energie von Körper 2 ______________________

____

Die Temperatur ______________________

2 In Natur und Technik gibt es zahlreiche Wärmequellen, die Wärme an ihre Umgebung abgeben.
Ergänze die nachfolgende Übersicht!

Wärmequelle	Skizze	Art und Richtung der Wärmeübertragung
Person		Von einer Person wird Wärme durch Wärmestrahlung und -leitung an die kühlere Umgebung abgegeben.
	S	

3 Energie und Wärme sind zwei unterschiedliche physikalische Größen, die aber auch einige Gemeinsamkeiten haben. Ergänze die vergleichende Übersicht!

Größe	Energie	Wärme
Kennzeichnung der Größe		
Formelzeichen		
Einheiten		

 ISBN 978-3-89818-372-7

4 Die Erde bewegt sich um die Sonne. In der Skizze sind vier spezielle Stellungen der Erde markiert.

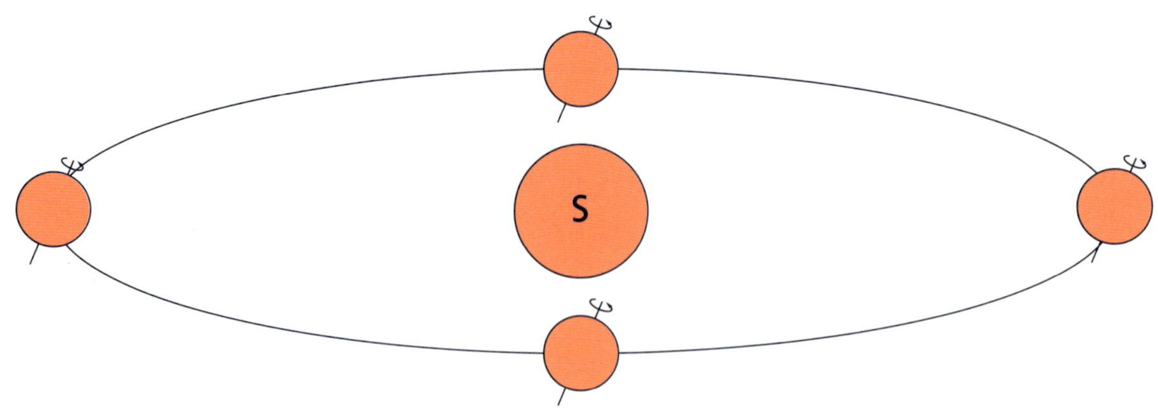

a) Wie lange benötigt die Erde für einen vollständigen Umlauf um die Sonne?

___

b) Die Erdachse ist gegenüber der Erdbahnebene geneigt. Dieser Winkel bleibt immer gleich groß. Erkunde, wie groß dieser Winkel ist!

___

c) Trage in die Skizze die Daten ein, die den vier Stellungen der Erde zuzuordnen sind! Markiere auch die Umlaufrichtung der Erde um die Sonne und ordne die vier Jahreszeiten für die Nordhalbkugel zu!

5 Entscheidend dafür, wie die Sonnenstrahlung an einer bestimmten Stelle der Erdoberfläche wirksam wird, ist ihr Einfallswinkel. Trifft Sonnenstrahlung senkrecht auf eine Fläche, so beträgt die Sonnenenergie 1,37 kJ je Sekunde. Wie verändert sich diese Energie bei einer anderen Neigung der Fläche?

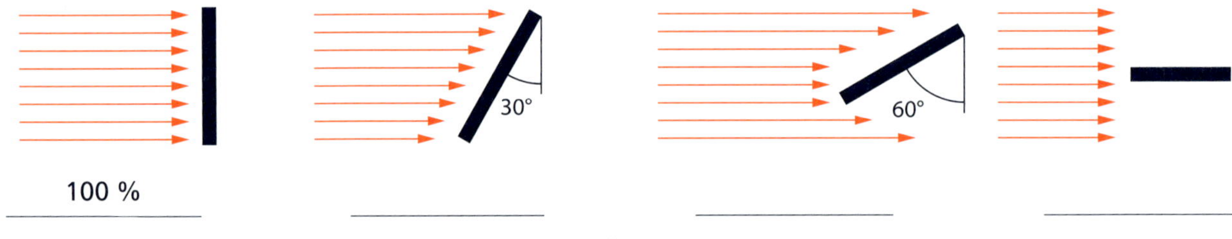

100 % ___   ___   ___   ___

___

___

6 Die Skizze zeigt die Erde mit einigen eingezeichneten Linien.

a) Markiere in der Skizze die Erdachse, den Äquator sowie den nördlichen und südlichen Polarkreis!

b) Der Winkel (φ) ist die geografische Breite. Gibt die betreffenden geografischen Breiten an!

Ort am Äquator: ___

dein Heimatort: ___

nördl. Polarkreis: ___

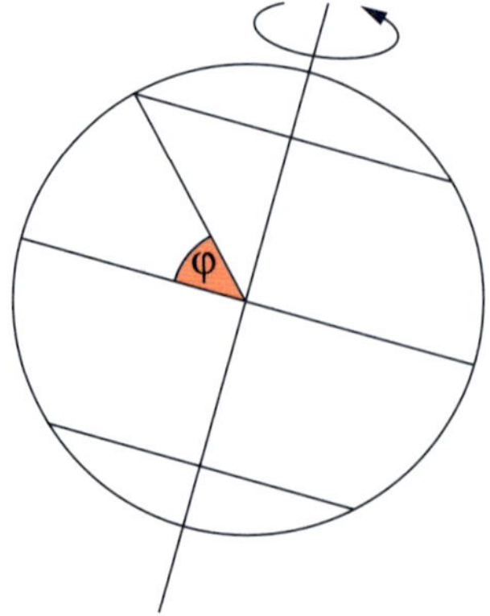

 ISBN 978-3-89818-372-7

7 Die Skizze zeigt, wie die Sonneneinstrahlung in Richtung Erde im Sommer bzw. im Winter erfolgt.

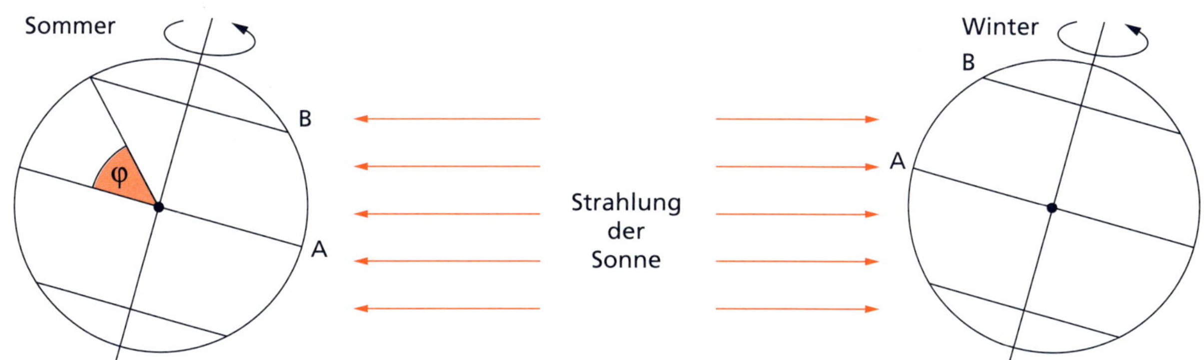

a) Vergleiche die Einstrahlung auf eine bestimmte Fläche in den Punkten A und B!

____

b) Wie verändert sich zu einem bestimmten Zeitpunkt der Einfallswinkel der Sonnenstrahlung mit Vergrößerung der geografischen Breite?

____

c) Wie verändert sich damit die Energie der auftreffenden Sonnenstrahlung?

____

8 Ordne folgende Temperaturen richtig in die Übersicht ein! Ergänze die Werte in °C bzw. in K!

37 °C, 6 000 K, −273 °C, 0 °C, 373 K

	in °C	in K
tiefstmögliche Temperatur		
Schmelztemperatur von Eis		
Körpertemperatur des Menschen		
Siedetemperatur von Wasser		
Temperatur von der Sonnenoberfläche		

9 Ergänze die Werte an der Kelvinskala!

Celsiusskala	−273 °C	−100 °C	0 °C	100 °C	150 °C	200 °C
Kelvinskala						

10 Ergänze die folgende Übersicht!

ϑ_1 in °C	16	−5	32	58			76	37
ϑ_2 in °C	85	13	−10	−88	15	−20		
$\vartheta_2 - \vartheta_1$ in K					40	18	12	2,5

 ISBN 978-3-89818-372-7

11 Untersuche experimentell den Zusammenhang zwischen der Wärme, die einem Körper zugeführt wird, seiner Temperaturänderung und seiner Masse!

Durchführung:

a) Es werden verschiedene Wassermengen um jeweils 10 K erwärmt. Als Wärmequelle dient eine Heizplatte, die gleichmäßig Wärme abgibt.

b) Trage die Masse des Wassers in die Messwertetabelle ein! Bestimme jeweils die Ausgangstemperatur und die Zeit, in der sich die betreffende Wassermenge um 10 K erwärmt.
Bei Verwendung einer Heizplatte kann man davon ausgehen, dass dem Wasser in 10 s eine Wärme von 1 kJ zugeführt wird.

Auswertung:

Masse *m* des Wassers					
Zeit *t* in s					
Wärme *Q* in J					

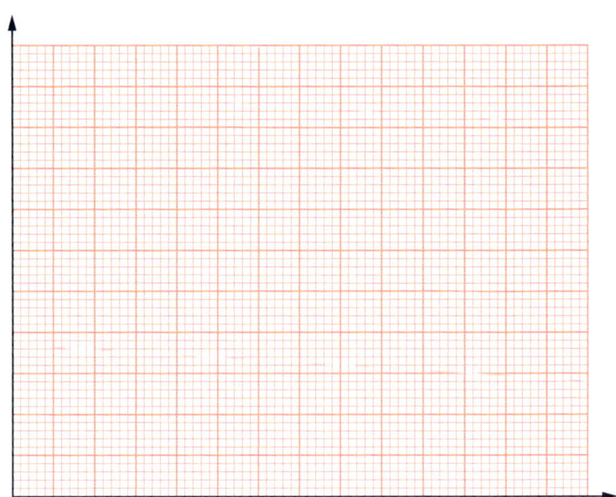

Zeichne das *Q*-*m*-Diagramm! Welcher Zusammenhang könnte bestehen?

12 Das Diagramm zeigt die Temperaturänderung von je 1 kg Wasser und Aluminium bei gleichmäßiger Wärmezufuhr.

a) Welche Gemeinsamkeiten und welche Unterschiede gibt es zwischen Wasser und Aluminium?

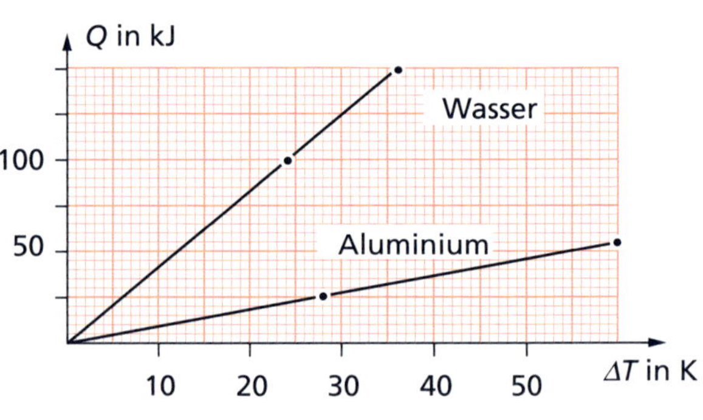

b) Ermittle aus dem Diagramm, wie viel Wärme erforderlich ist, um 1 kg Wasser bzw. 1 kg Aluminium um 1 K zu erwärmen!

 ISBN 978-3-89818-372-7

13 Bestimme experimentell und rechnerisch die Mischungstemperatur von zwei Wassermengen unterschiedlicher Temperatur!

Vorbereitung:

a) Wie kann man die Mischungstemperatur zweier Wassermengen unterschiedlicher Temperatur berechnen?

b) Welche Größen muss man messen, um die Mischungstemperatur ermitteln zu können? Notiere unter **Auswertung** die betreffenden Größen!

Durchführung:

a) Miss die Temperatur des kalten und des warmen Wassers!
b) Schütte das kalte in das warme Wasser! Bestimme die Mischungstemperatur!
c) Führe den Versuch nochmal durch! Schütte aber jetzt das warme Wasser in das kalte Wasser! Bestimme die Mischungstemperatur!

Auswertung:

Messwerte:

Größe			Mischungstemperatur
Messung 1			
Messung 2			

a) Berechne mit den Messwerten für jede Messung die Mischungstemperatur!

Messung 1

Messung 2

b) Vergleiche die berechneten mit den gemessenen Werten! Wie sind die Ergebnisse zu erklären?

14 100 g Olivenöl von 15 °C wird mit 100 g Wasser von 35 °C gemischt. Olivenöl hat eine kleinere spezifische Wärmekapazität als Wasser. Liegt die Mischungstemperatur über oder unter 25 °C?

 ISBN 978-3-89818-372-7

15 Einem Körper wird Wärme zugeführt. Das kann je nach den gegebenen Bedingungen sehr unterschiedliche Auswirkungen haben. Ergänze die Übersicht!

Wärme-
zufuhr

____

____

____

16 Ergänze die folgende Übersicht! Gehe vom Aufbau der Stoffe aus Teilchen aus!

	feste Körper	flüssige Körper	gasförmige Körper
Aufbau			
Beispiele für Körper im betreffenden Aggregatzustand			
Kräfte zwischen den Teilchen des Körpers im jeweiligen Aggregatzustand			
Form und Volumen des Körpers			

17 Durch die Zufuhr von Wärme kann sich der Aggregatzustand eines Stoffes ändern. Es kann aber auch eine Stoffumwandlung erfolgen. Es handelt sich dabei um zwei unterschiedliche Vorgänge. Ergänze dazu die Übersicht!

Vorgang	Aggregatzustandsänderung	Stoffumwandlung
Beispiele		
Kenn-zeichnung		

 ISBN 978-3-89818-372-7

18 Die Bimetallstreifen bestehen aus verschiedenen Metallen. Zeichne ein, in welcher Richtung sich jeweils der Bimetallstreifen bei Erwärmung biegt! Begründe!

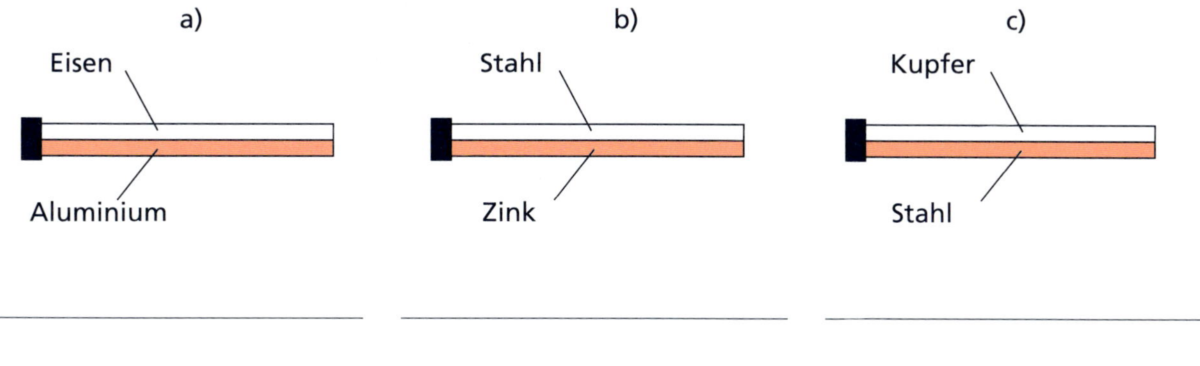

19 Ein Bimetallstreifen besteht aus Aluminium und Zink. Der Bimetallstreifen soll sich bei Erwärmung nach unten biegen. Zeichne, wie die beiden Metalle angeordnet sein müssen! Begründe!

20 Für einen 1 m langen Aluminiumstab und einen 1 m langen Stahlstab ergibt sich das dargestellte Diagramm.

a) Beschreibe den Zusammenhang zwischen Längenänderung und Temperaturänderung in Worten und als Proportionalität!

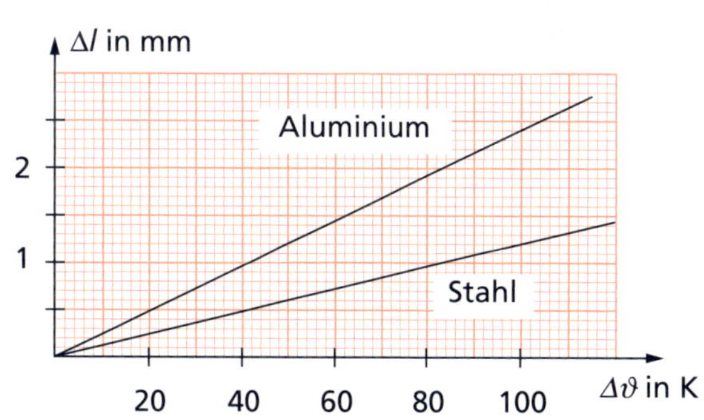

b) Ergänze mithilfe des Diagramms die folgende Übersicht!

Stoff	Längenänderung	Temperaturänderung
Aluminium	1,5 mm	
	1,0 mm	
Stahl		80 K
		40 K

 ISBN 978-3-89818-372-7

21 Eine für Hochspannungsleitungen verwendete Stahllegierung hat einen linearen Ausdehnungskoeffizienten von 0,000 016 1/K.

a) Berechne für verschiedene Temperaturänderungen die Längenänderung eines 100 m langen Teilstücks einer Hochspannungsleitung!

$\Delta\vartheta$ in K	Δl in mm
5	
10	
15	
20	
25	

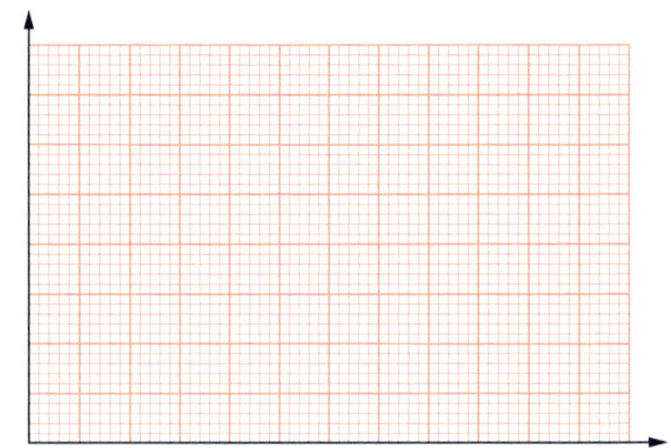

b) Zeichne das Δl-ΔJ-Diagramm!

22 Die 1937 gebaute Teufelstalbrücke an der Autobahn A4 in der Nähe des Hermsdorfer Kreuzes ist eine Stahlbetonbrücke mit einer Stützweite von 138 m. Wie groß ist die Längenänderung dieses 138 m langen Brückenteils zwischen Sommer (+25 °C) und Winter (–15 °C)?
Stahlbeton hat einen linearen Ausdehnungskoeffizienten von 0,000 012 1/K.

23 Bei Warmwasserheizungen sind Heizkörper und Rohre völlig mit Wasser gefüllt. An einer Stelle der Heizungsanlage befindet sich ein Ausgleichsgefäß (s. Skizze).
Erkläre, wozu ein solches Ausgleichsgefäß notwendig ist!

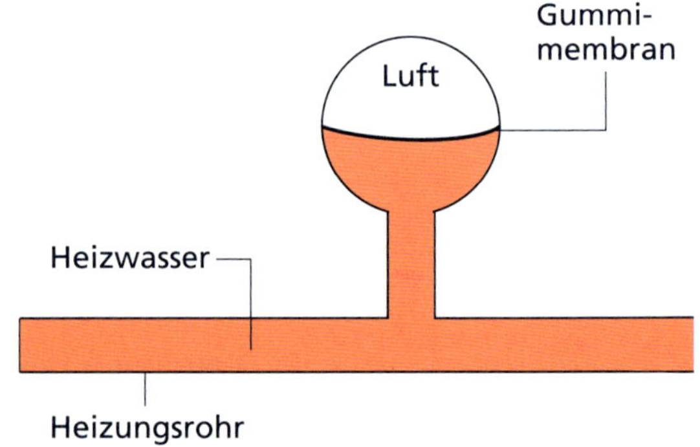

 ISBN 978-3-89818-372-7

24 Ergänze die Bezeichnungen für die Aggregatzustandsänderungen!

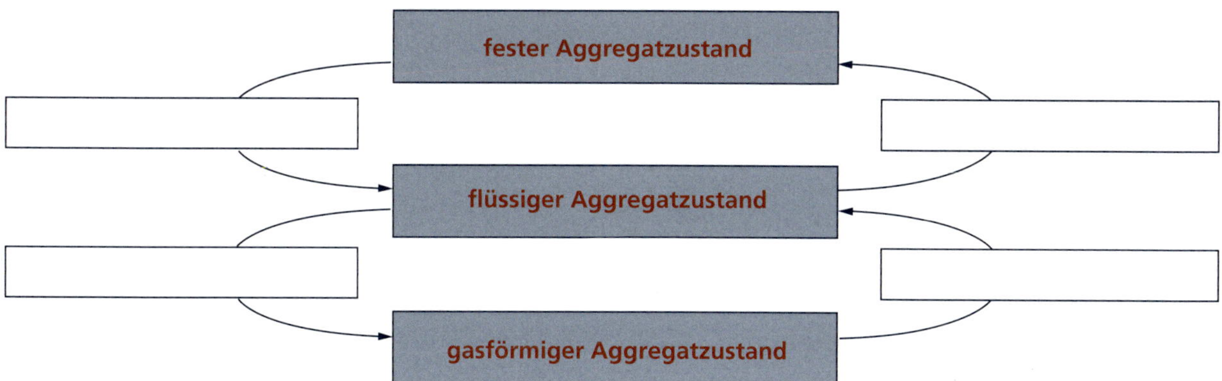

25 In einem Experiment wurde Wasser erhitzt. Die Messwerte sind im Diagramm dargestellt. Die gesamte Zeit wurde gleichmäßig Wärme zugeführt.

a) Ergänze mithilfe des Diagramms die fehlenden Werte!

t in min	3	5	8		
ϑ in °C				50	80

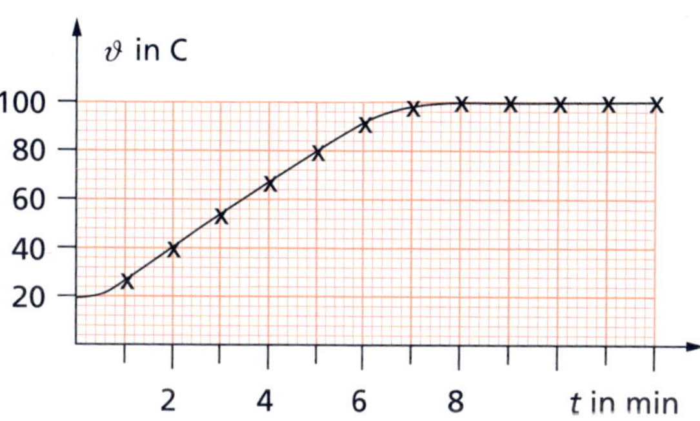

b) Beschreibe und erkläre den Kurvenverlauf!

26 In der Skizze ist der Wasserkreislauf in der Natur vereinfacht dargestellt. Beschreibe den Wasserkreislauf!

Nenne dabei die Aggregatzustandsänderungen, die vor sich gehen!

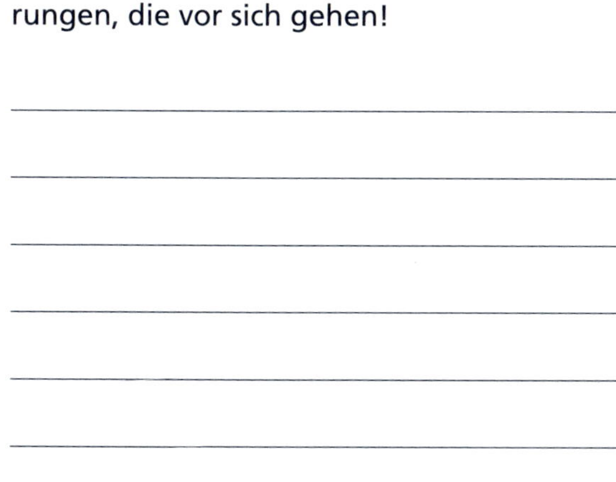

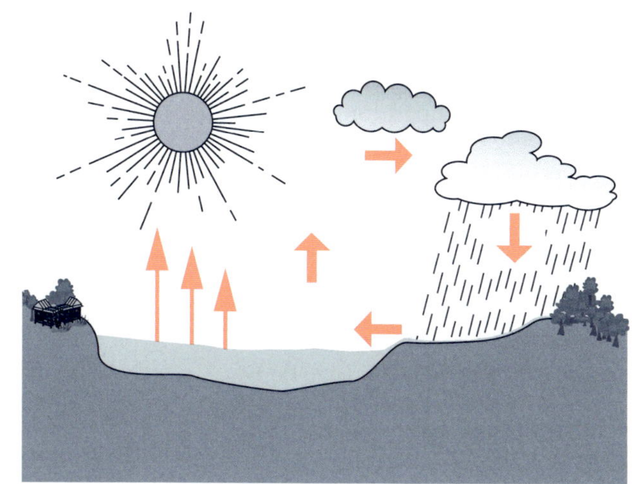

 ISBN 978-3-89818-372-7

27 In einem Experiment wurde Eis erwärmt. Die Messwerte sind im Diagramm dargestellt. Die gesamte Zeit wurde gleichmäßig Wärme zugeführt. Beschreibe und erkläre den Kurvenverlauf!

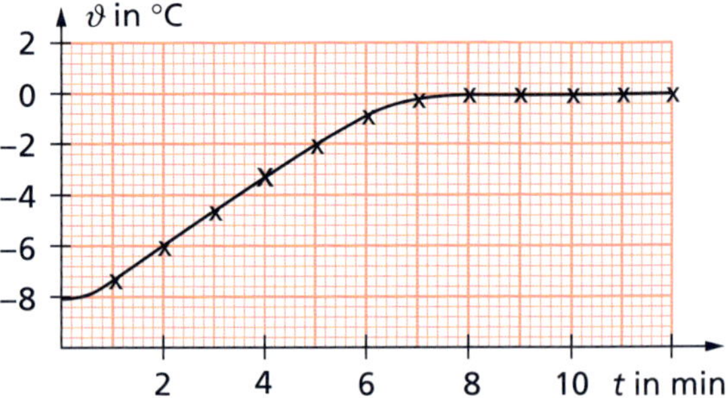

____

____

____

____

____

____

28 Im Wasserkreislauf in der Natur spielt das Verdunsten eine wichtige Rolle.

a) Von welchen Faktoren ist das Verdunsten von Wasser abhängig?

____

____

b) Prüfe deine unter a) getroffenen Aussagen experimentell! Ergänze dazu die nachfolgende Übersicht!

Experimentieranordnung	Es wird verändert	Es wird konstant gehalten	Ergebnis
	Größe der Oberfläche	Temperatur Abführung der verdunsteten Anteile	
bei höherer Temperatur / bei niedriger Temperatur	Temperatur		
ohne Wind / mit Wind	Luftströmung (Wind)		

 ISBN 978-3-89818-372-7

29 Untersuche den Temperaturverlauf beim Erwärmen von Wasser und von Speiseöl!

Vorbereitung:
Fülle je 200 g Wasser und Speiseöl in Bechergläser!

Durchführung:

a) Bestimme die Temperatur des Wasser und des Speiseöls! Trage die Messwerte zur Zeit $t = 0$ s in die Messwertetabelle ein!
b) Erwärme zunächst das Wasser und anschließend das Speiseöl mit einer Wärmequelle, die gleichmäßig Wärme abgibt!
   Miss alle 30 s die Temperatur! Trage die Messwerte in die Messwertetabelle ein!

Auswertung:

a) Zeichne das Q-ΔJ-Diagramm! Wenn die Wärmequelle gleichmäßig Wärme abgibt, dann wird in jeweils 30 s stets die gleiche Wärme Q_1 auf die Flüssigkeit übertragen, also in 30 s die Wärme Q_1, in 60 s die Wärme $2 \cdot Q_1$ usw.

t in s	Wasser		Speiseöl	
	ϑ in °C	$\Delta\vartheta$ in K	ϑ in °C	$\Delta\vartheta$ in K
0				
30				
60				
90				
120				
150				

b) Welcher Zusammenhang könnte zwischen der zugeführten Wärme Q und der Temperaturänderung $\Delta\vartheta$ bestehen?

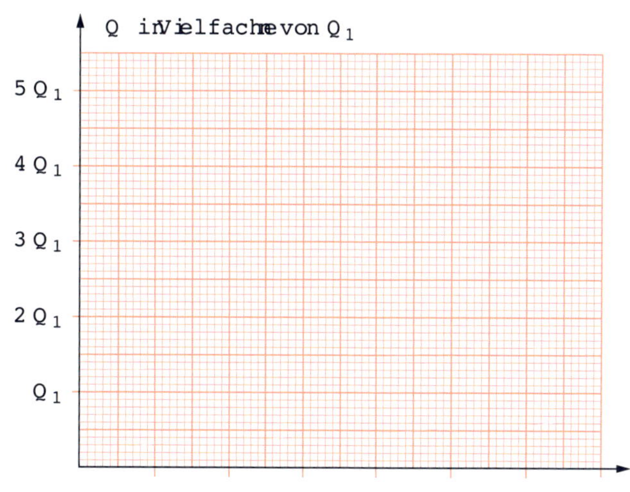

 ISBN 978-3-89818-372-7

Wärme in der Technik

1 In einem Zylinder mit einem gasdichten, aber leicht beweglichen Kolben befindet sich ein Gas. Beschreibe den jeweiligen Vorgang! Gehe auf die Größen Temperatur, Volumen und Wärme ein!

a) Wärmezufuhr

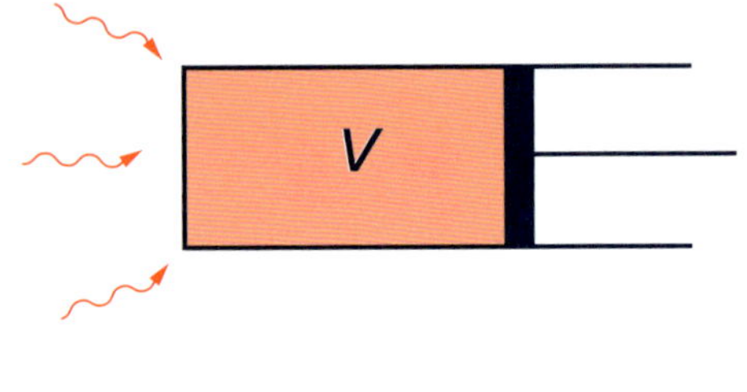

b) Verrichten von Arbeit

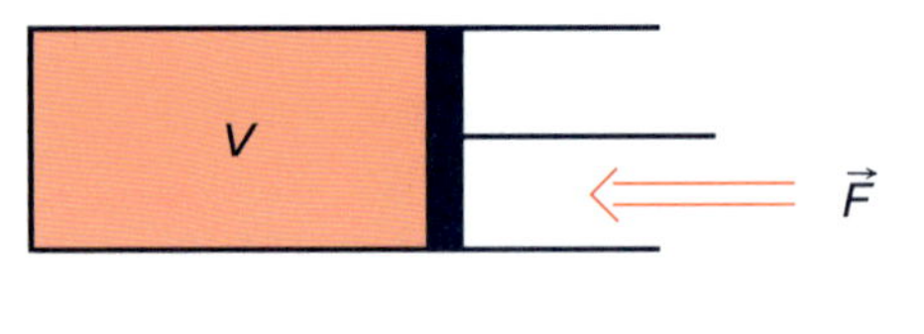

2 Die Skizzen zeigen den Aufbau und die Wirkungsweise eines Viertakt-Ottomotors. Benenne die wichtigsten Teile des Motors und die vier Takte!

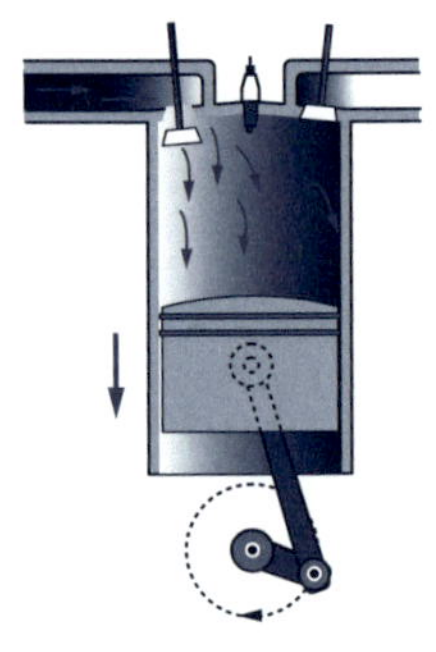

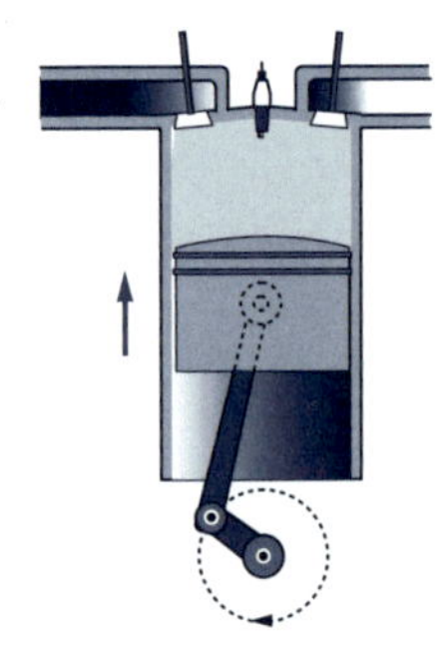

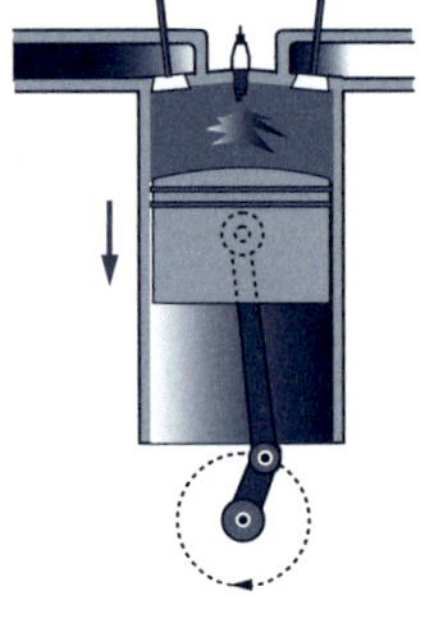

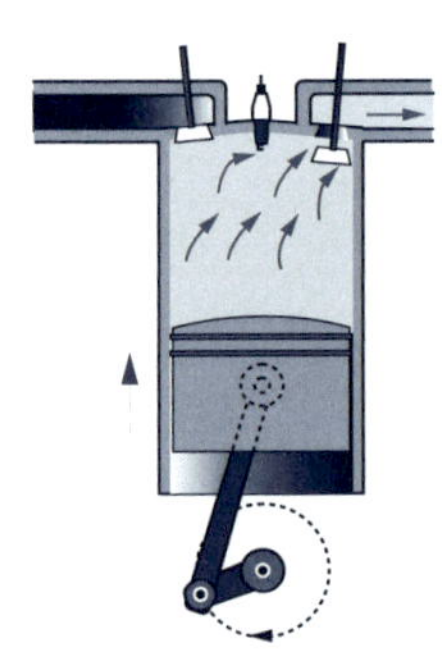

3 Die Skizze zeigt den Energiefluss bei einem Ottomotor.

a) Vervollständige die Zahlen!

b) Wie groß ist der Wirkungsgrad dieses Motors?

c) Wie könnte man eine Senkung des Kraftstoffverbrauchs und damit eine geringere Umweltverschmutzung erreichen?

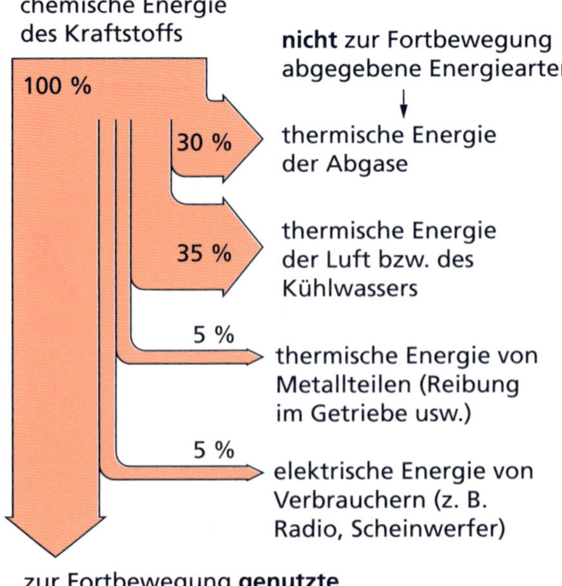

 ISBN 978-3-89818-372-7

4 Wärmepumpen, die vor allem für Heizzwecke eingesetzt werden, nutzen als Wärmequelle die im Boden oder im Grundwasser gespeicherte thermische Energie und geben diese an eine Warmwasserheizung ab.

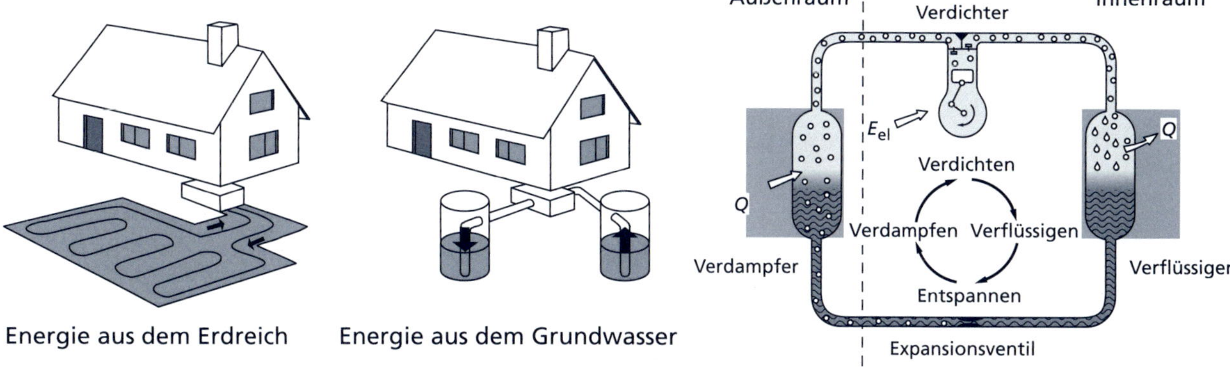

Energie aus dem Erdreich   Energie aus dem Grundwasser

a) Beschreibe die Wirkungsweise einer Wärmepumpe!

b) Welche Energieumwandlungen treten bei einer Wärmepumpe auf?
Vervollständige das nebenstehende Schema!

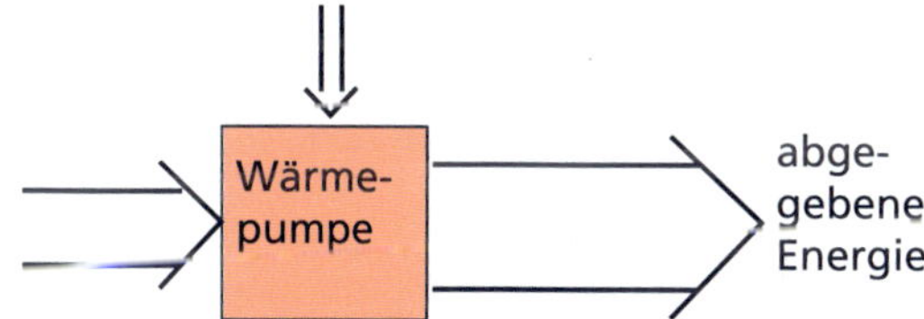

5 Sonnenenergie kann genutzt werden, um z. B. Wasser zu erwärmen, das dann für die Heizung von Räumen oder als Warmwasser im Haushalt eingesetzt wird. Solche Anordnungen bezeichnet man als **Sonnenkollektoren**.
Beschreibe anhand der Skizze den Aufbau und die Wirkungsweise eines Sonnenkollektors!

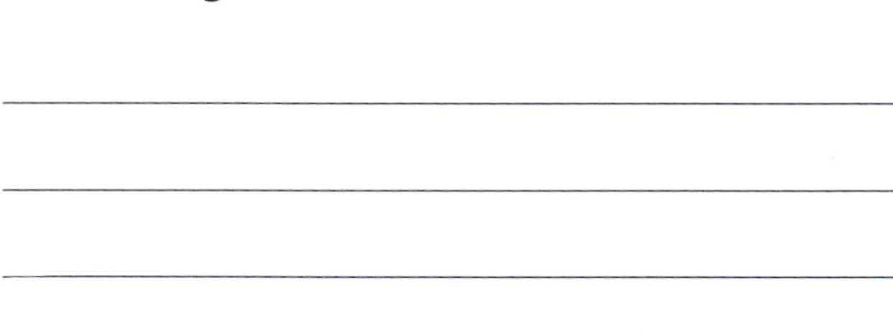

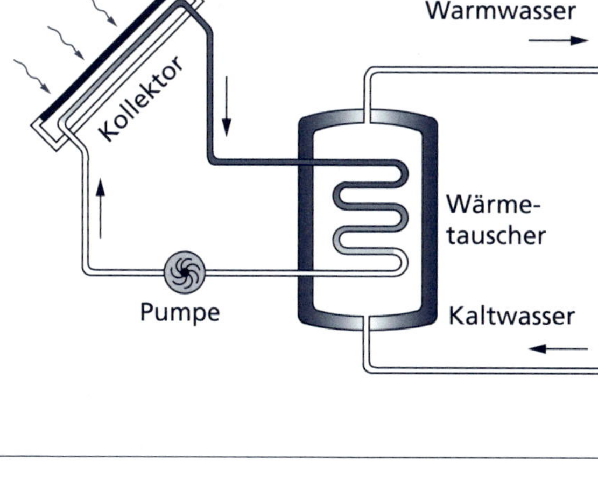

 ISBN 978-3-89818-372-7

6 Etwa 60 % der Elektroenergie in Deutschland wird durch Verbrennung fossiler Brennstoffe (Steinkohle, Braunkohle, Erdgas, Mineralöl) in Kraftwerken gewonnen. Für 2002 wurden für Deutschland folgende Werte ermittelt:

(1) Braunkohle: 27,4 %
(2) Steinkohle: 23,2 %
(3) Wasserkraft: 4,5 %
(4) Windkraft: 2,9 %
(5) Kernenergie: 28,4 %
(6) Erdgas: 9,3 %
(7) Sonstiges: 4,3 %

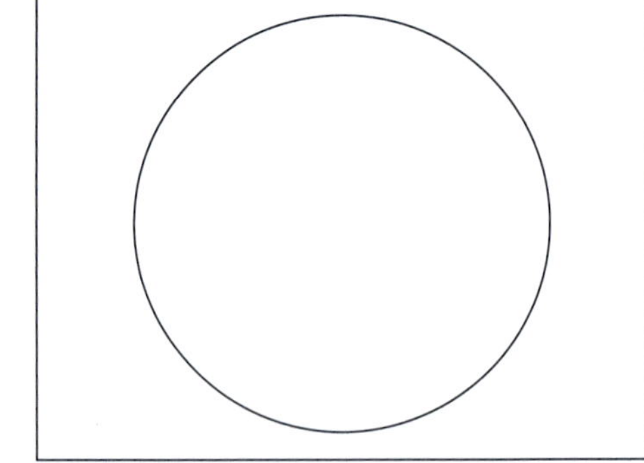

a) Stelle diese Werte in einem Kreisdiagramm dar!
b) Bewerte das Diagramm unter dem Aspekt der Nutzung erneuerbarer und nicht erneuerbarer Energien!

______

______

______

7 Die Abbildung zeigt den grundsätzlichen Aufbau eines Steinkohlekraftwerkes mit Kraft-Wärme-Kopplung.

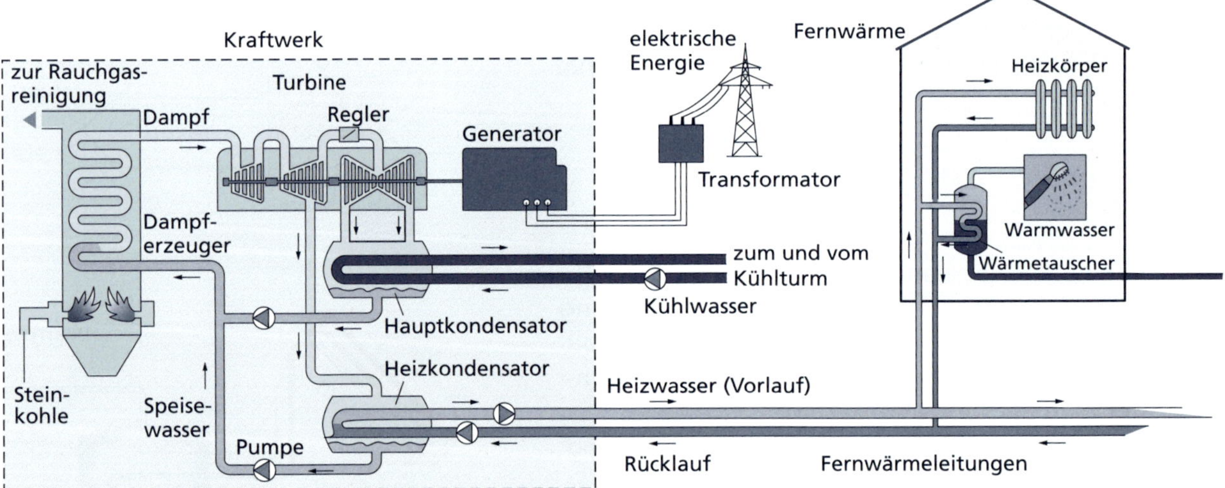

Wie unterscheidet sich ein Kraftwerk ohne Kraft-Wärme-Kopplung von einem solchen mit Kraft-Wärme-Kopplung?

______

______

b) Ergänze die Energieumwandlungskette!

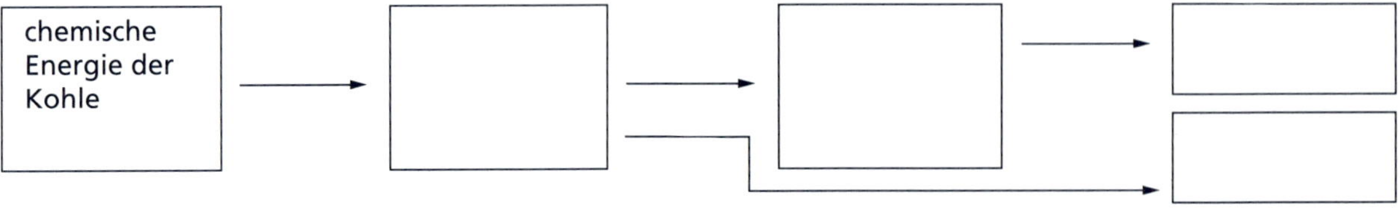

 ISBN 978-3-89818-372-7

Elektrizitätslehre und Magnetismus

Elektrizität – elektrischer Strom und elektrische Spannung

1 In der Skizze ist das Modell eines Atoms dargestellt.

a) Benenne die gekennzeichneten Teile!

A: ______________

B: ______________

C: ______________

b) Für ein elektrisch neutrales Atom gilt:

Die Anzahl der Elektronen in der ______________ ist genauso groß wie die Anzahl der ______________ im Atomkern.

2 Welche Atome sind elektrisch neutral, welche nicht? Begründe!

a) 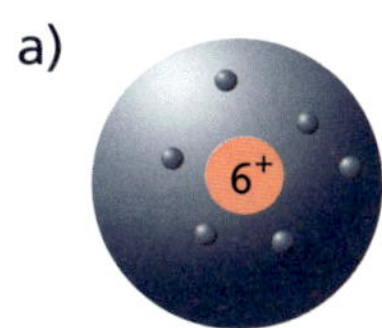

b) 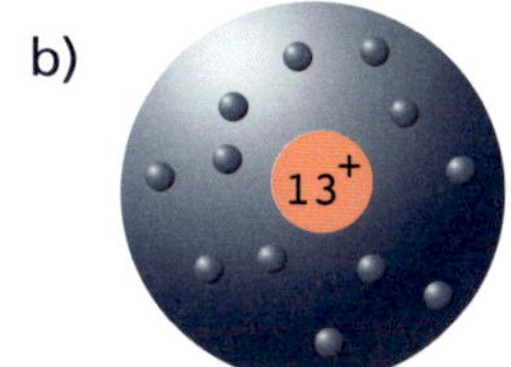

c) 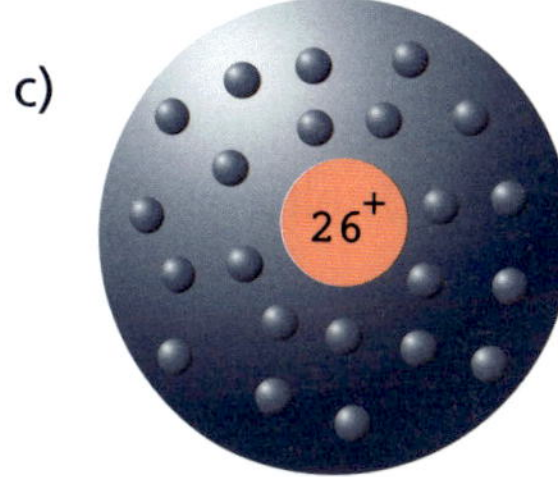

____

3 Zwei kleine Kugeln sind an Fäden aufgehängt. Die Kugeln sind elektrisch geladen. Zeichne die Ladung der zweiten Kugel ein! Begründe!

a) 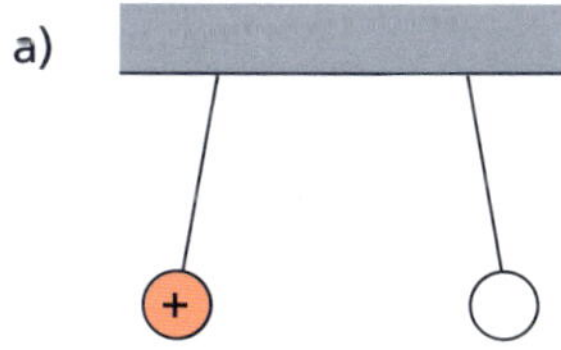

b) 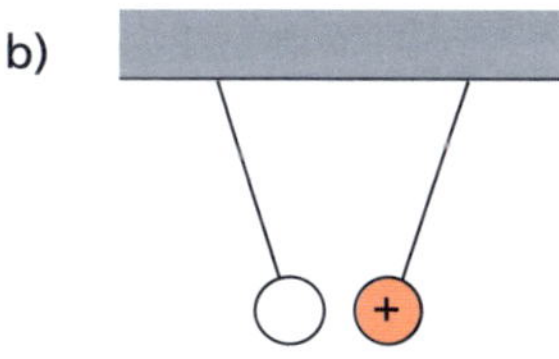

c) 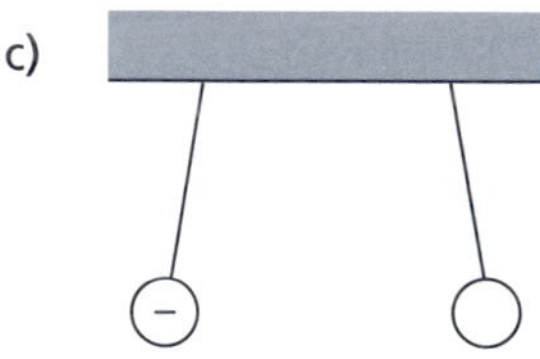

______________ ______________ ______________

______________ ______________ ______________

4 Ein Gegenstand aus Plastik (Lineal, Kugelschreiber) wird an einem Pullover gerieben und über Papierschnitzel gehalten. Beschreibe deine Beobachtungen! Erkläre sie!

5 Die Skizze zeigt den Aufbau eines Elektroskops.

a) Benenne in der Skizze die wichtigsten Teile!

b) Mit einem negativ geladenen Körper wird die obere Kugel des Elektroskops berührt. Beschreibe und erkläre, was geschieht!

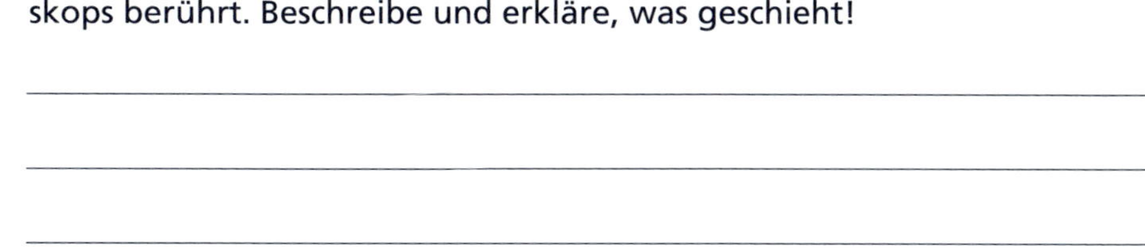

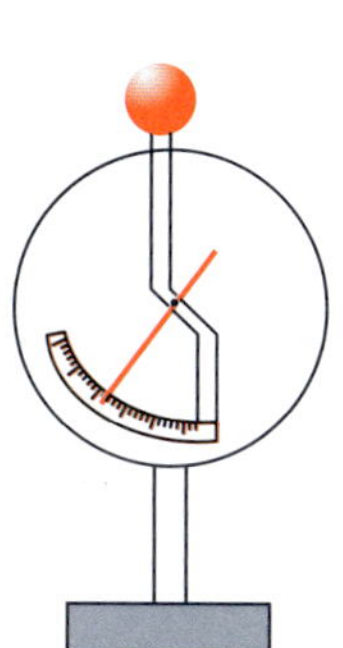

 ISBN 978-3-89818-372-7

6 In einem elektrischen Feld befinden sich positiv bzw. negativ geladene Körper. Die Ladung aller Körper ist gleich groß.

a) Zeichne die Kräfte ein, die auf die geladenen Körper wirken!
b) Welcher allgemeine Zusammenhang besteht zwischen der Richtung der Feldlinien und der Richtung der Kraft auf geladene Körper bzw. geladene Teilchen?

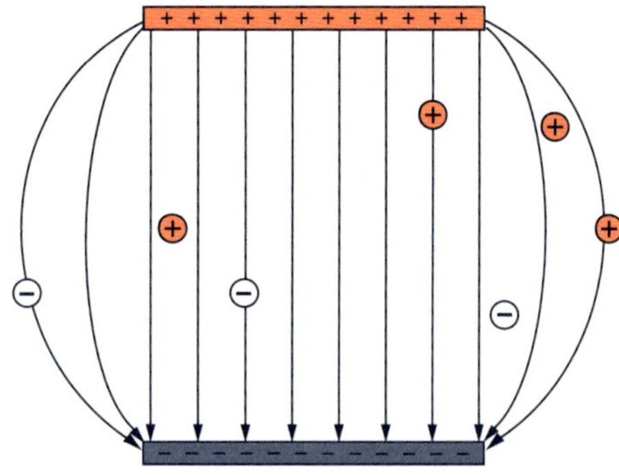

7 Zwei metallische Platten werden mit einer elektrischen Quelle verbunden.

a) Zeichne ein, wie die beiden Platten dann geladen sind!
b) Skizziere das Feldlinienbild zwischen den beiden Platten!
c) Was verändert sich, wenn die elektrische Quelle umgepolt wird?

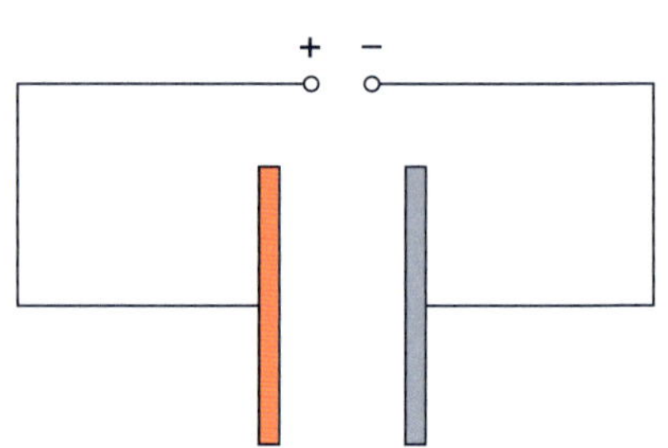

8 Zeichne die Feldlinienbilder des elektrischen Feldes!

a)

b)

9 Die Skizze zeigt das Feldlinienbild zwischen einer negativ geladenen Platte und einer positiv geladenen Spitze.

a) Was kann man aus einem solchen Feldlinienbild ableiten?

b) Zeichne ein, in welcher Richtung eine Kraft auf die eingezeichneten Ladungsträger wirkt!

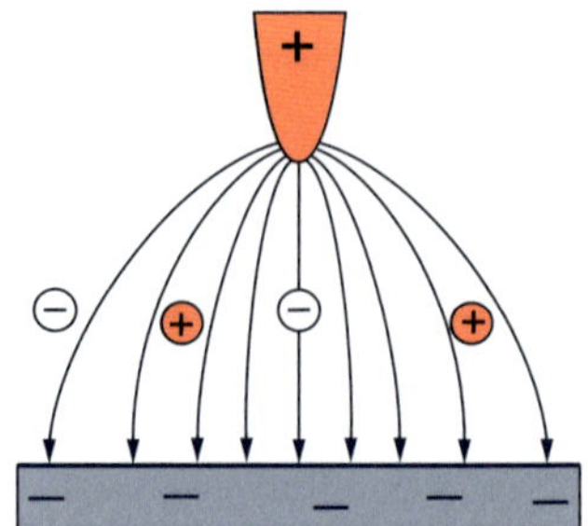

 ISBN 978-3-89818-372-7

10 Die Skizze zeigt das Modell eines metallischen Leiters.

a) Beschreibe den Aufbau eines metallischen Leiters!

b) Zeichne die Bewegung der Elektronen in die Skizze ein, wenn der metallische Leiter an eine elektrische Quelle angeschlossen wird!

– +

11 Vergleiche einen Wasserstromkreis und einen elektrischen Stromkreis! Nenne Gemeinsamkeiten und Unterschiede!

Wasserstromkreis

Wasserpumpe

Wasserleitung

Wasserturbine

elektrischer Stromkreis

elektrische Quelle

Leiter

Glühlampe

Gemeinsamkeiten:

Unterschiede:

12 Die Skizzen zeigen den Aufbau eines metallischen Leiters und eines Isolators.

a) Benenne die gezeichneten Teilchen!

metallischer Leiter

Isolator

b) Beschreibe die Unterschiede in Worten!

c) Nenne Beispiele für Leiter und Isolatoren!

Leiter	Isolatoren

 ISBN 978-3-89818-372-7

13 Untersuche, ob verschiedene feste Körper und Flüssigkeiten den elektrischen Strom leiten!

Vorbereitung:

a) Wie könnte man prüfen, ob ein Körper den elektrischen Strom leitet?

b) Ergänze den Schaltplan durch Einzeichnen der Verbindungsleiter!

Durchführung:

Baue die Schaltung nach dem Schaltplan auf! Bringe verschiedene Körper (Nagel, Holzstab, metallische Kugelschreibermine, Bleistiftmine, Lineal aus Kuststoff, aufgebogene Büroklammer,...) in den Stromkreis! Trage deine Untersuchungsergebnisse in die Tabelle ein!

− +

Prüfstrecke

Auswertung:

Körper	Stoff, aus dem der Körper besteht	Leiter oder Isolator

14 Ordne die folgenden Stoffe in die Tabelle ein: Leitungswasser, feuchtes Holz, Stahl, Porzellan, Gummi, trockenes Papier, Schweiß, Gold, trockenes Holz, Glas, Silber, Aluminium, Kunststoff!

Leiter	
Isolator	

15 In einem Stromkreis befinden sich eine elektrische Quelle, eine Glühlampe und ein Widerstand. Wie können diese drei Bauteile geschaltet sein? Zeichne unterschiedliche Schaltpläne!

 ISBN 978-3-89818-372-7

16 Elektrischer Strom kann verschiedene Wirkungen haben. Nenne Beispiele dafür, bei welchen Geräten oder Anlagen diese Wirkungen genutzt werden oder auftreten! Trage Beispiele in die Tabelle ein!

Lichtwirkung	Wärmewirkung	magnetische Wirkung	chemische Wirkung

17 Auf den Fotos sind einige elektrische Geräte abgebildet. Gib an, welche Wirkung des elektrischen Stromes bei diesen Geräten genutzt wird!

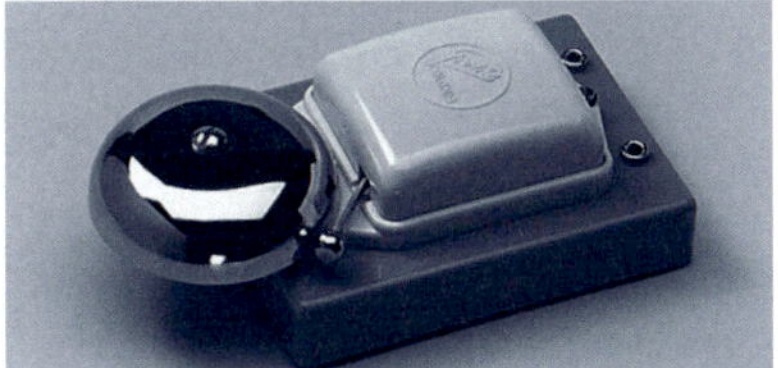

18 Die Skizze zeigt den Aufbau einer Glühlampe.

a) Welche Wirkung des elektrischen Stromes wird bei einer Glühlampe genutzt? Welche Wirkung ist unerwünscht, aber unvermeidlich?

b) Zeichne den Weg des elektrischen Stromes durch die Glühlampe mit farbigem Stift ein!

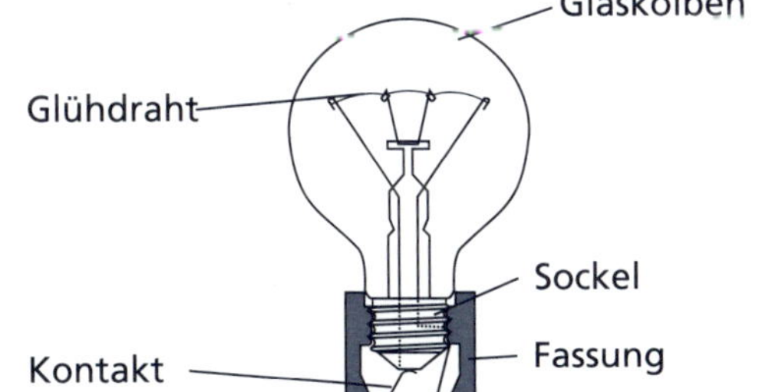

19 Die Bilder zeigen verschiedene elektrische Bauteile. Gib jeweils die Bezeichnung und das Schaltzeichen des Bauteils an!

Energiespar-lampe				

 ISBN 978-3-89818-372-7

20 Die Fotos zeigen Experimentieranordnungen. Zeichne unter jede den zugehörigen Schaltplan!

a)

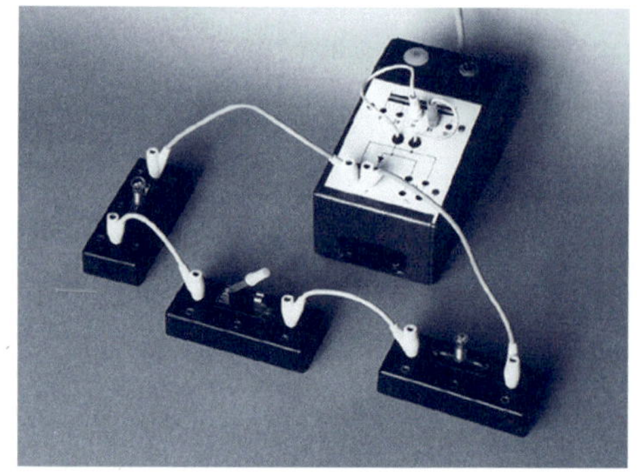

b)

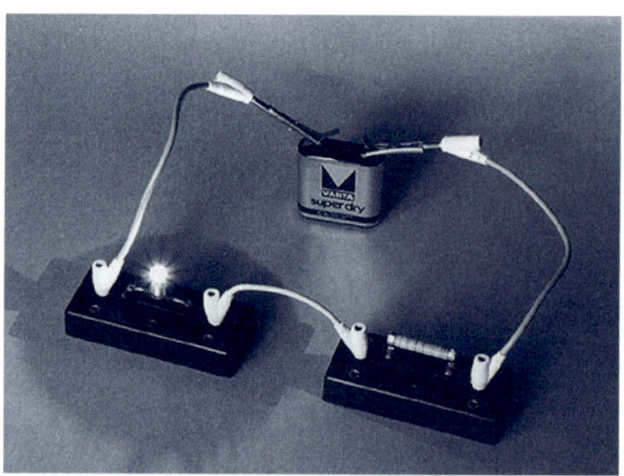

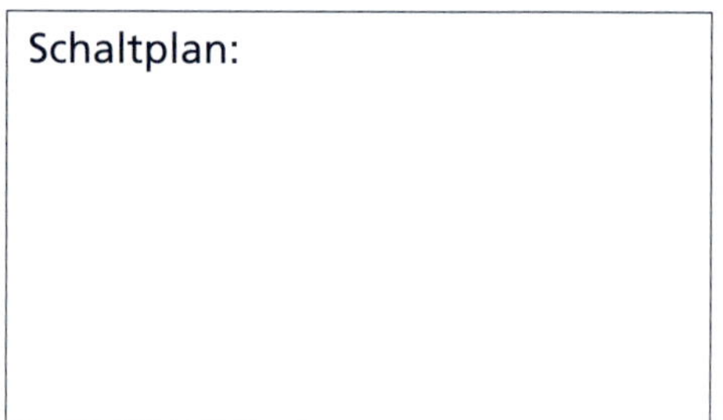
Schaltplan:

Schaltplan:

21 Bauteile können unterschiedlich geschaltet sein. Gib für jede Schaltung an, welche Schaltungsart vorliegt! Begründe!

a)

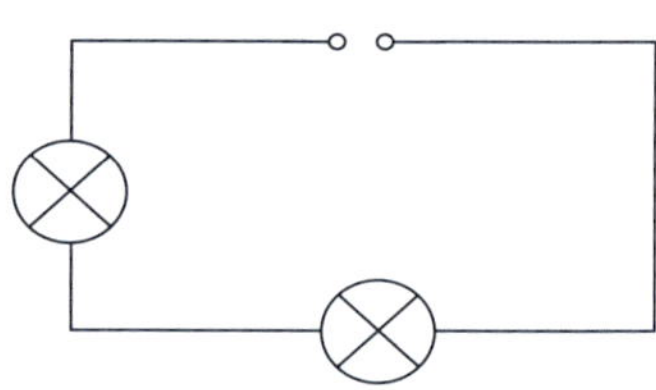

b)

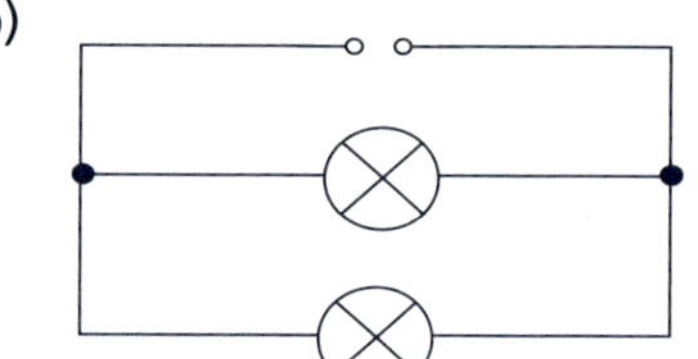

c)

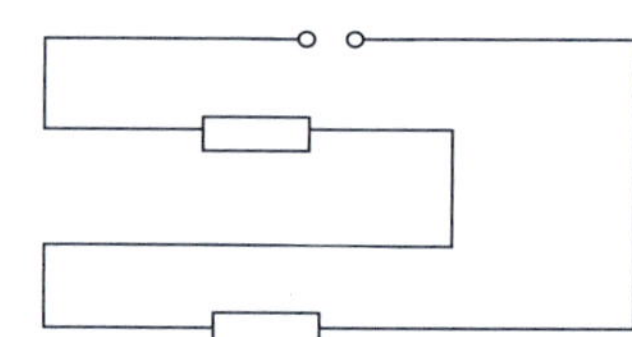

22 Gib für folgende Schaltungen an, welche Glühlampen leuchten, wenn entweder einer der beiden Schalter oder beide Schalter geschlossen sind!

a)

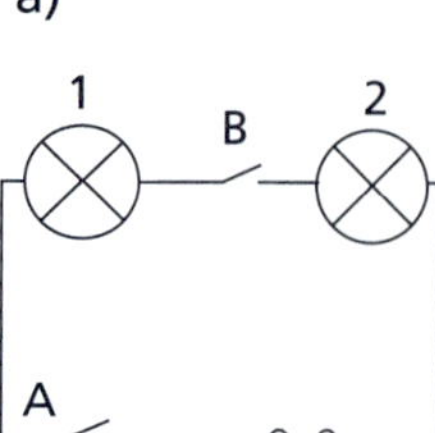

b)

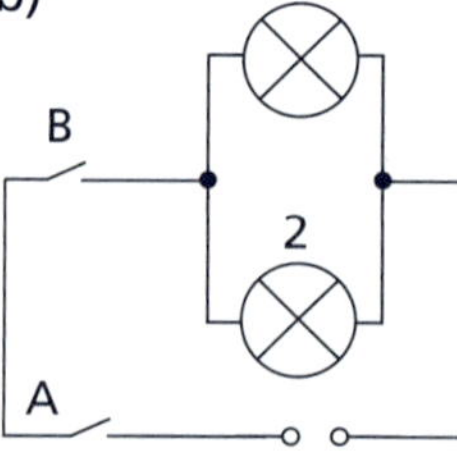

c)

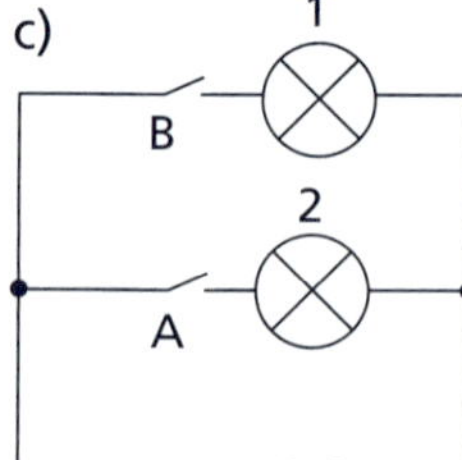

nur A geschlossen:

nur B geschlossen:

A und B geschlossen:

 ISBN 978-3-89818-372-7

23 Rechne die gegebenen Stromstärken in der Tabelle in die jeweils andere Einheit um! Ergänze den Lückentext!

I in A	*I* in mA
5	
	23
0,34	
0,006	
	8 920
7,1	

Benannt ist die Einheit der elektrischen Stromstärke nach dem ____________________ Naturforscher André Marie Ampère.

Er lebte von ________ bis ________ .

Das Gerät, mit dem man die elektrische Stromstärke misst, nennt man ______________________ oder ________________. Beim Messen der Stromstärke treten wie bei jeder Messung __________ auf.

24 Die Abbildungen zeigen die Skala eines Schülermessgerätes. Lies für die Zeigerstellung A bis E jeweils die Stromstärke ab! Trage die abgelesenen Werte in die Tabelle ein!

a)

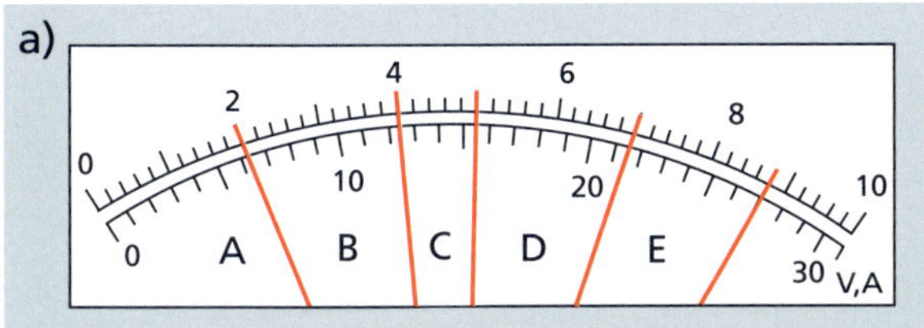

b)

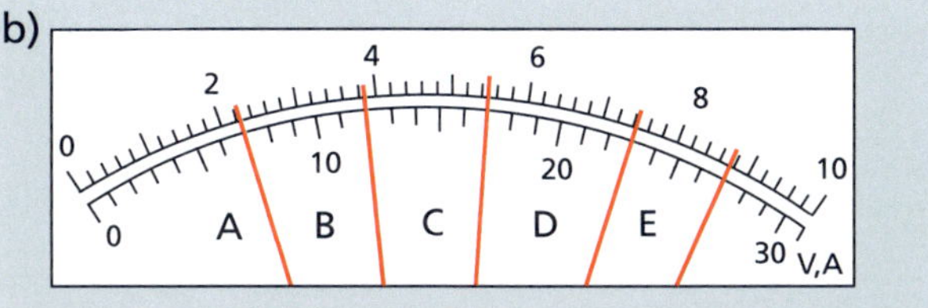

Messbereich 10 mA					
Zeigerstellung	A	B	C	D	E
I in mA					

Messbereich 1 mA					
Zeigerstellung	A	B	C	D	E
I in mA					

Messbereich 1 A					
Zeigerstellung	A	B	C	D	E
I in A					

Messbereich 30 mA					
Zeigerstellung	A	B	C	D	E
I in mA					

Messbereich 300 mA					
Zeigerstellung	A	B	C	D	E
I in mA					

Messbereich 3 A					
Zeigerstellung	A	B	C	D	E
I in A					

25 Vervollständige die folgende Tabelle!

Physikalische Größe	Die elektrische Stromstärke gibt an,	Formelzeichen	Einheit	Messgerät

 ISBN 978-3-89818-372-7

26

Mithilfe eines Apfels und zwei Metallen kann man eine Spannung erzeugen. Untersuche den Betrag der Spannung bei verschiedenen Metallen!

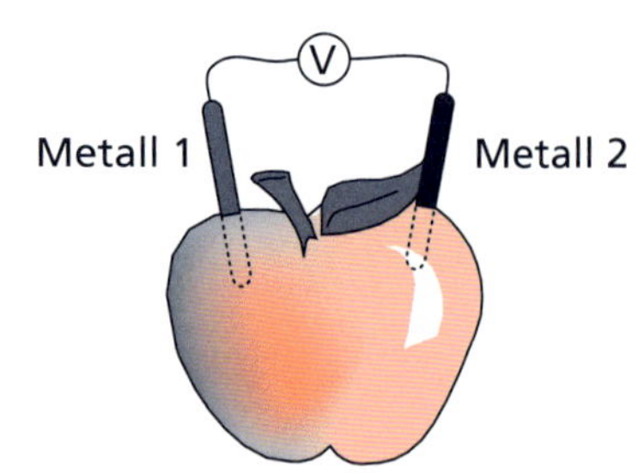

Vorbereitung:

Lege Körper aus verschiedenen Metallen (z.B. Stahlnagel, dickerer Kupferdraht, Stück Blei, Lötzinn, Aluminiumstreifen) bereit!

Durchführung:

Baue die Anordnung nach der Skizze auf! Miss die Spannung bei verschiedenen Kombinationen von Metallen! Trage deine Ergebnisse in die Tabelle ein!

Auswertung:

Metall 1	Metall 2	Spannung in V

Welche Folgerungen ergeben sich aus den Untersuchungen für die Konstruktion von Batterien?

____

____

27 Die Abbildungen zeigen die Skala eines Schülermessgerätes. Lies für die Zeigerstellungen A bis E jeweils die Spannung ab! Trage die abgelesenen Werte in die Tabelle ein!

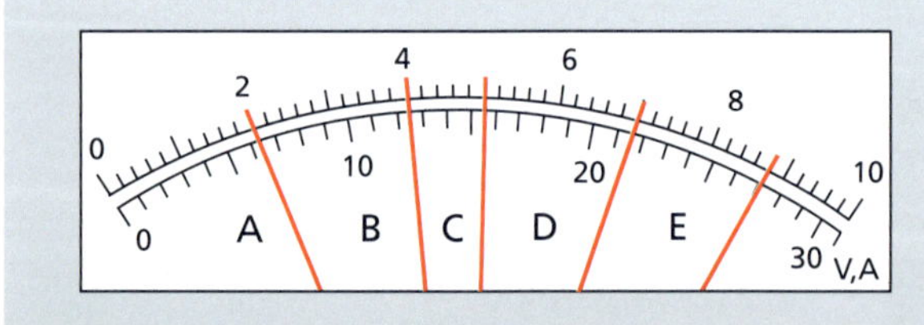

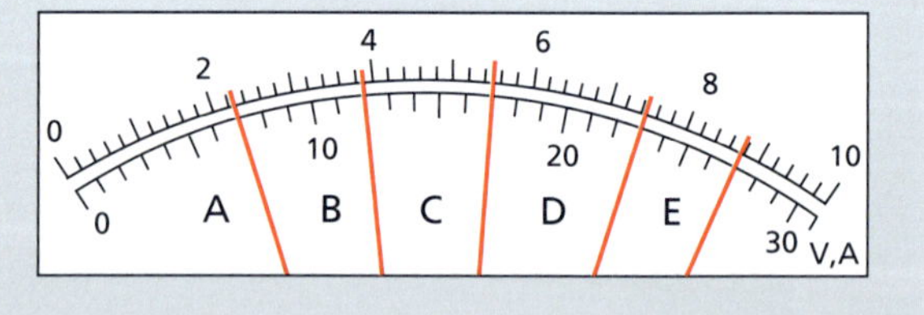

Messbereich 10 V					
Zeiger-stellung	A	B	C	D	E
U in V					

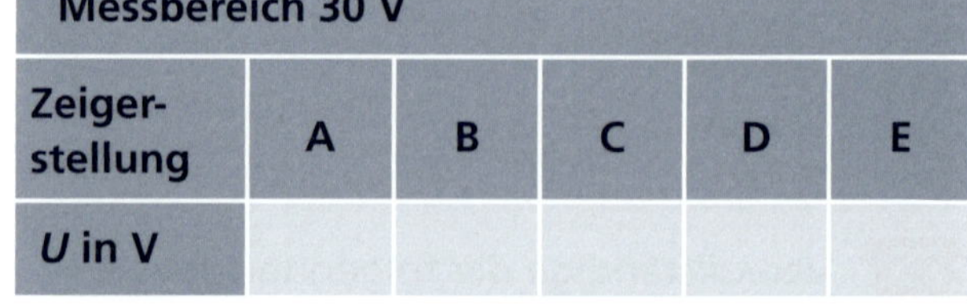

Messbereich 30 V					
Zeiger-stellung	A	B	C	D	E
U in V					

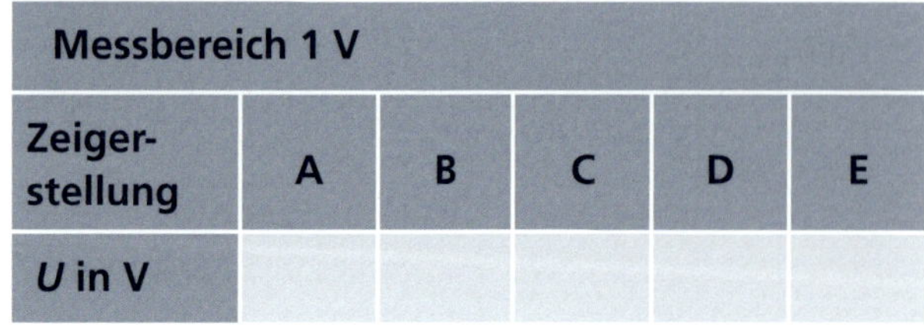

Messbereich 1 V					
Zeiger-stellung	A	B	C	D	E
U in V					

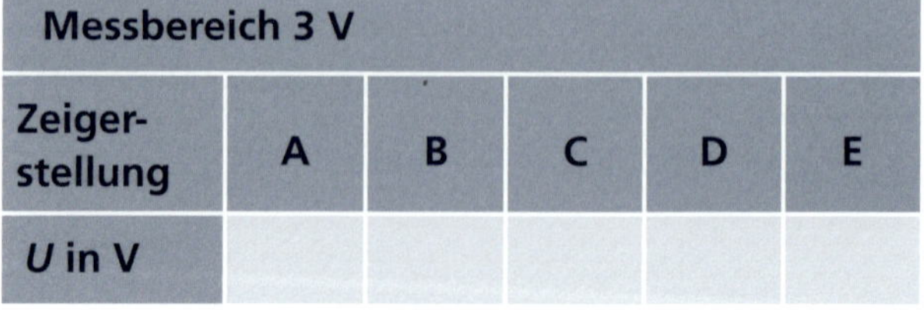

Messbereich 3 V					
Zeiger-stellung	A	B	C	D	E
U in V					

 ISBN 978-3-89818-372-7

28 Rechne die gegebenen Spannungen in der Tabelle in die anderen Einheiten um! Ergänze den Lückentext!

U in kV	*U* in V	*U* in mV
	15,8	
1		
	0,42	
380		
	15 000	

Die Einheit der elektrischen Spannung ist nach dem italienischen Naturforscher ____________ ____________ benannt worden.

Er lebte von ______ bis ______ .

Das Messgerät zur Messung der Spannung nennt man ____________ oder ____________ .

A. VOLTA konstruierte auch die ersten ____________ .

29 Kreuze in der Tabelle an, welche der Aussagen für die Fälle A bis D zutreffen!

A

B

C

D

	A	B	C	D
Es fließt ein elektrischer Strom bei				
Eine elektrische Spannung ist vorhanden bei				
Es fließt ein elektrischer Strom und es tritt eine elektrische Spannung auf				

30 Wo steckt der Fehlerteufel? Korrigiere mit farbigem Stift! Begründe deine Korrektur!

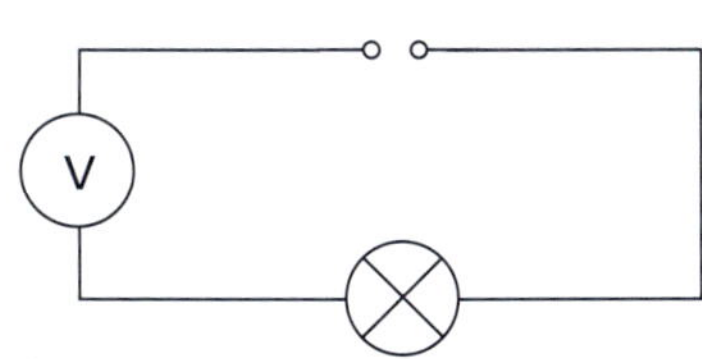

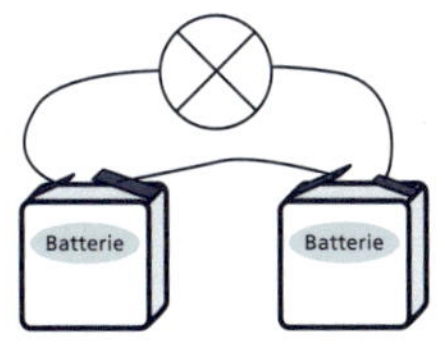

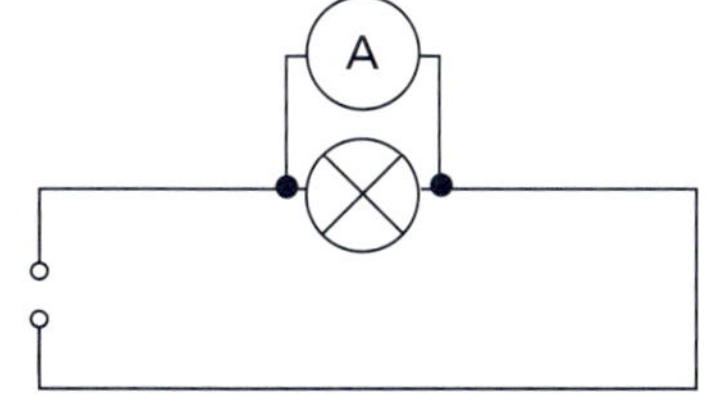

31 Vervollständige die folgende Tabelle!

Physikalische Größe	Die elektrische Spannung gibt an,	Formel-zeichen	Einheit	Messgerät

 ISBN 978-3-89818-372-7

Helligkeit nach Wunsch – Energieverteilung in Stromkreisen

1 In der Skizze ist ein verzweigter elektrischer Stromkreis dargestellt.
Zeichne einen entsprechenden verzweigten Wasserstromkreis und markiere die Richtung des Wasserstromes!

a)

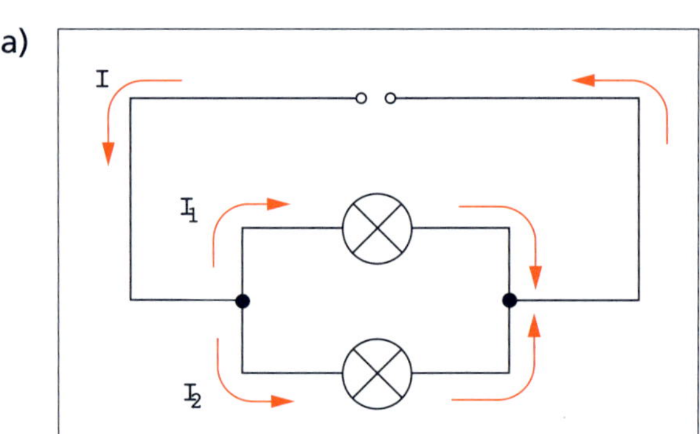

b) Stelle eine Vermutung über den Zusammenhang zwischen I, I_1 und I_2 auf!

2 Untersuche experimentell die elektrische Stromstärke in einem verzweigten Stromkreis!

Durchführung:
Baue den Stromkreis nach dem nebenstehenden Schaltplan auf!
Miss für verschiedene Spannungen zunächst I und anschließend I_1 bzw. I_2!
Trage deine Messwerte in die Tabelle ein!

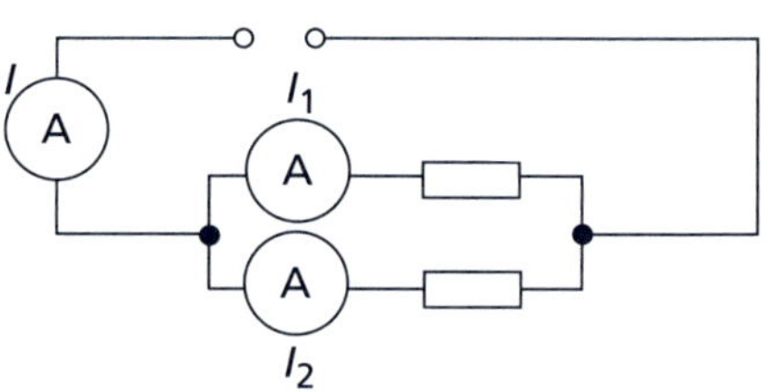

Auswertung:

Spannung in V	I in mA	I_1 in mA	I_2 in mA	

a) Trage in die letzte Spalte $I_1 + I_2$ ein und vergleiche mit I! Formuliere das Ergebnis!

3 Ergänze an den Schaltplänen die fehlenden Stromstärken!

a)

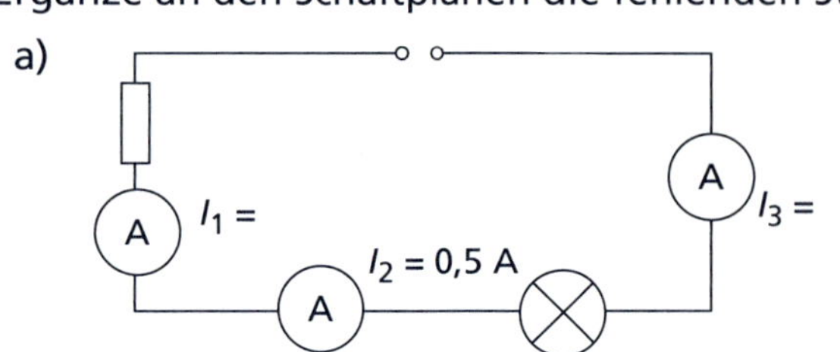

b)

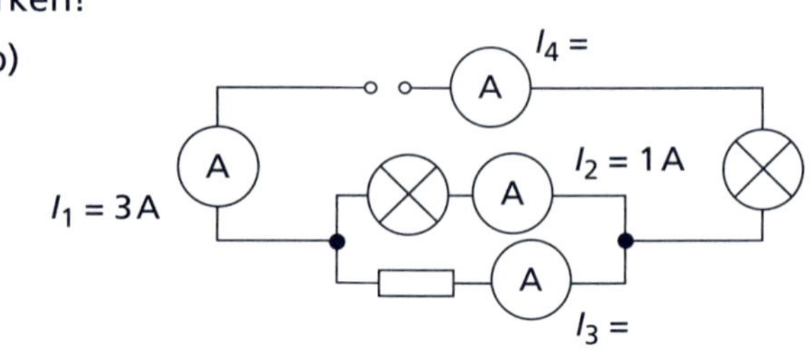

 ISBN 978-3-89818-372-7

4 Kreuze an, welche der Aussagen physikalisch richtig bzw. falsch formuliert sind!

	richtig	falsch
Elektrische Spannung und elektrische Stromstärke treten immer nur zusammen auf.		
Die elektrische Spannung kann auch ohne elektrische Stromstärke auftreten.		
Ein elektrischer Strom kann auch ohne elektrische Spannung fließen.		

5 Untersuche experimentell die elektrische Spannung in einem verzweigten Stromkreis!
Baue die Schaltung nach dem nebenstehenden Schaltplan auf!
Miss nacheinander die drei Spannungen!
Trage die Messwerte in die Tabelle ein!

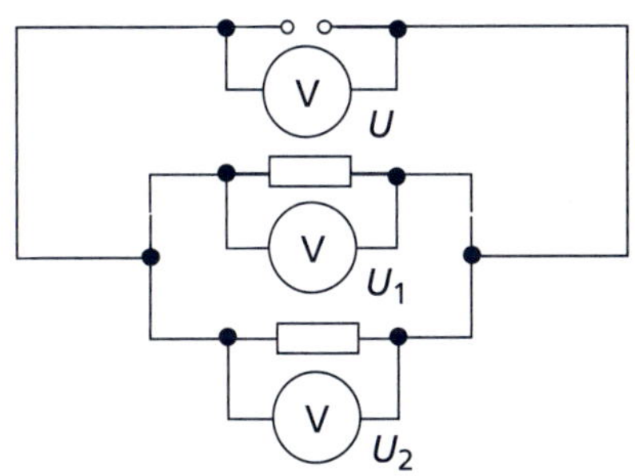

U in V	U_1 in V	U_2 in V

Formuliere das Ergebnis des Vergleichs der Spannungen im verzweigten Stromkreis in Worten!

____

____

6 Ergänze an den Schaltplänen die fehlenden Spannungen!

a)

V U = 12 V

V U_1 =

V U_2 = 2,6 V

b)

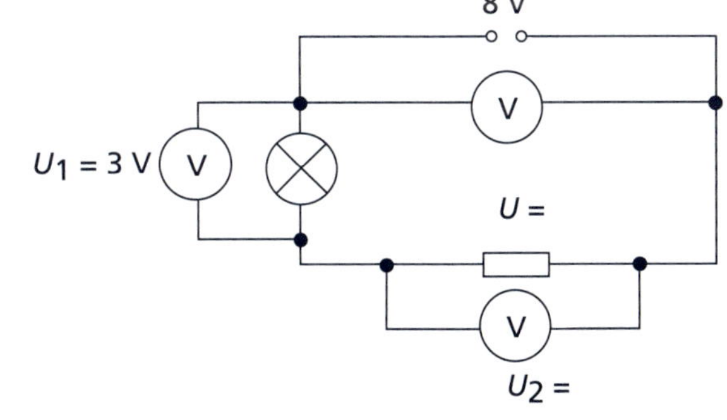

7 Die Skizze zeigt vereinfacht den Schaltplan für eine Wohnung.

a) Wie sind die Geräte zueinander geschaltet?

____

b) Schreibe an jedes Gerät die Spannung, die an dem Gerät anliegt! Begründe!

____

____

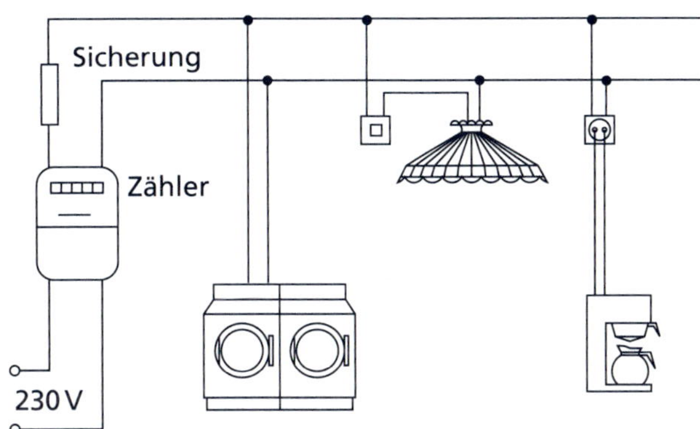

 ISBN 978-3-89818-372-7

8 An einem Bauteil wurde die Stromstärke bei verschiedenen Spannungen gemessen!

U in V	*I* in mA
2	48
4	103
6	147
8	205
10	250

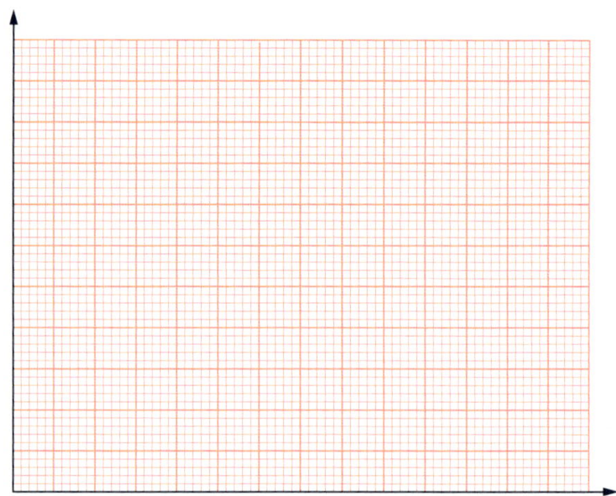

a) Zeichne ein *I*-*U*-Diagramm! Was lässt sich aus diesem Diagramm über den Zusammenhang zwischen Spannung und Stromstärke ableiten?

b) Ergänze mithilfe des *I*-*U*-Diagramms die nachfolgende Tabelle!

U in V	1	7	11			
I in mA				75	180	225

9 Im *I*-*U*-Diagramm sind die Graphen für zwei Bauteile dargestellt. Für welches Bauteil gilt das ohmsche Gesetz? Begründe!

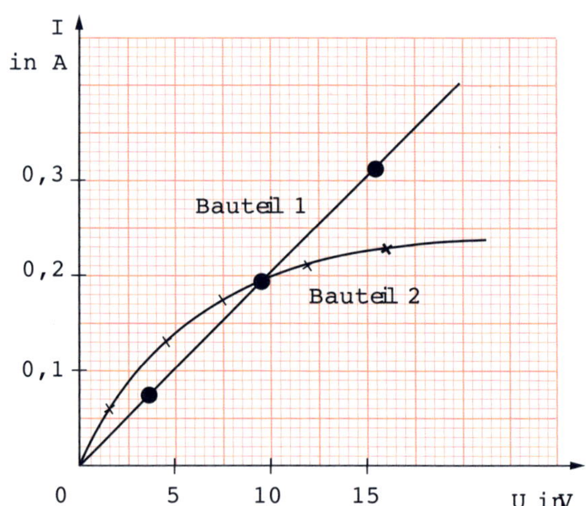

10 Für ein Bauteil erhält man das nebenstehende *I*-*U*-Diagramm.

Gilt für dieses Bauteil das ohmsche Gesetz? Begründe deine Aussagen!

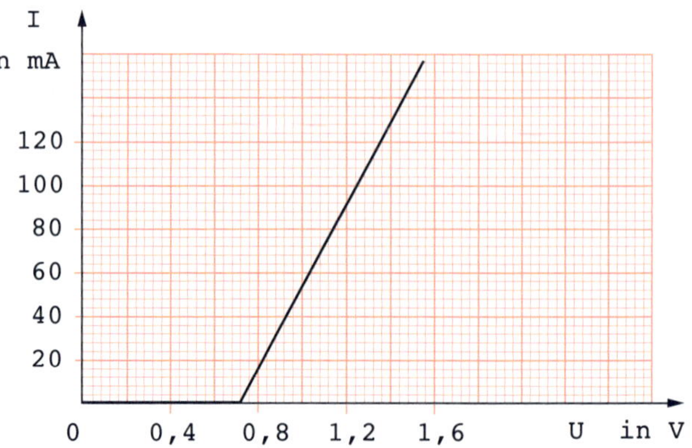

 ISBN 978-3-89818-372-7

11 Vergleiche den elektrischen Widerstand der Leiter miteinander! Begründe deine Aussagen!

a) Alle Leiter bestehen aus Kupfer und sind gleich lang.

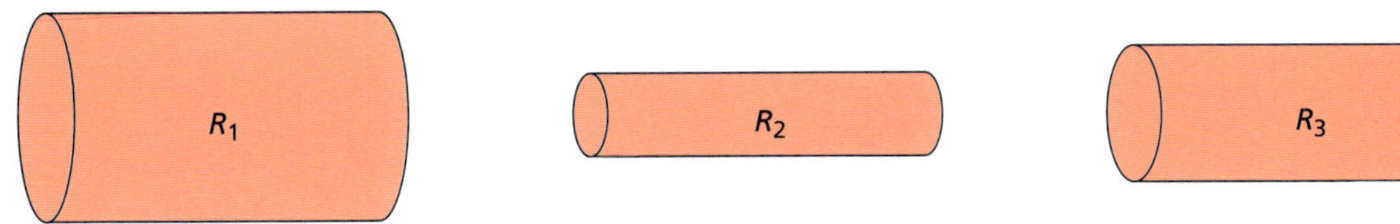

b) Alle Leiter bestehen aus Stahl und haben den gleichen Durchmesser.

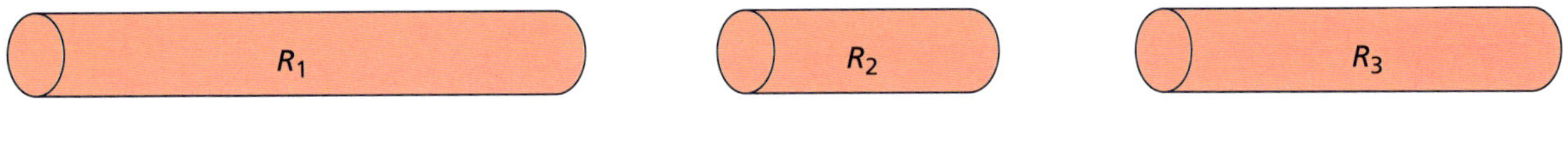

12 Widerstände und Glühlampen sind in unterschiedlicher Weise geschaltet. Bestimme für die drei Schaltungen jeweils den Gesamtwiderstand und die Gesamtstromstärke!

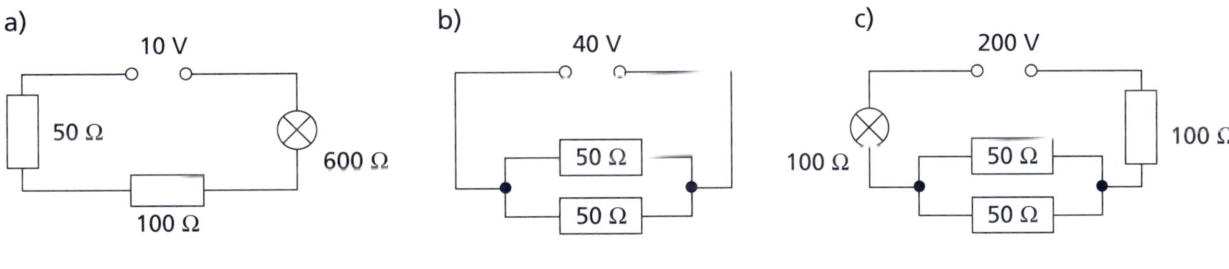

13  Die Fotos zeigen verschiedene Elektrizitätszähler. Gib für jeden der Zähler an, welche elektrische Arbeit seit seinem Einbau verrichtet wurde und wie hoch die Gesamtkosten sind, wenn eine Kilowattstunde 0,13 Euro kostet!

a)

b)

c)

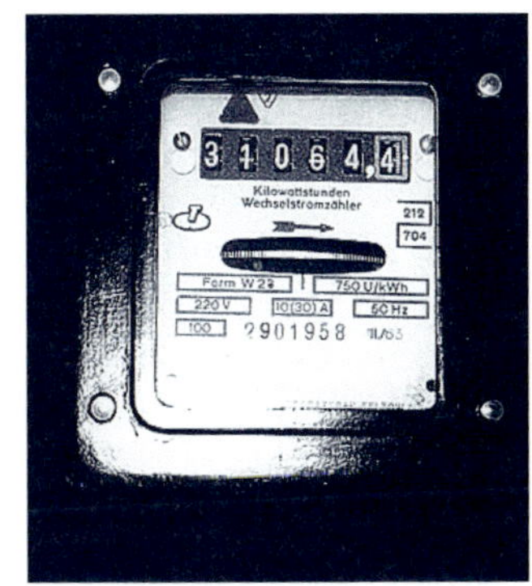

 ISBN 978-3-89818-372-7

14 Das Bild zeigt einen Teil einer „Rechnung für Energielieferung“, wie sie jeder Haushalt erhält. Die Daten sind nicht ganz vollständig.

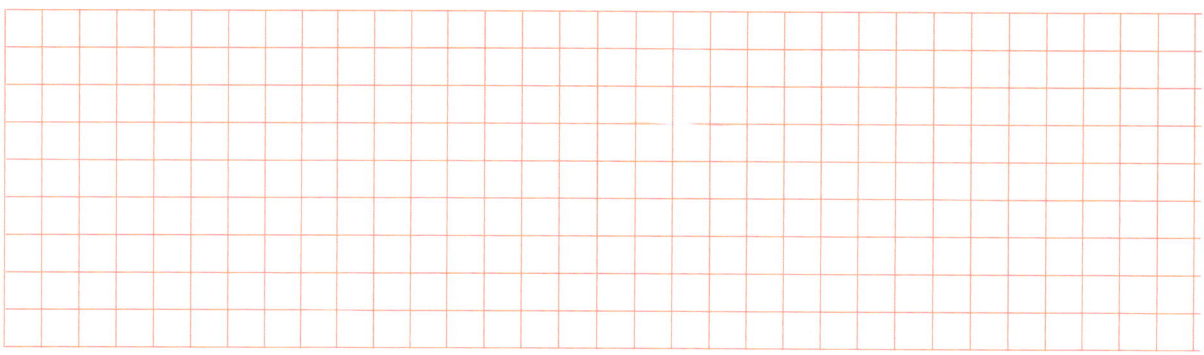

3. Rechnungsbetrags-Ermittlung

Pos.	Anzahl Einheiten 14	×	Einzelpreis 15	=	Zwischensumme 16	+	Leistungspreis 17	18	= Netto-Rechnungsbetrag 19	+ Ausgleichsabgabe %	20	= Zwischensumme 21	+ Umsatzsteuer %	22	= Rechnungsbetrag 23
1	780,0 KWH		0,13 Euro				38,00 Euro			0,00	0,00		16,00		

a) Ergänze die Spalten 16 (Zwischensumme), 19 (Netto-Rechnungsbetrag), 21 (Zwischensumme), 22 (Umsatzsteuer) und 23 (Rechnungsbetrag)!

b) Ein Vier-Personen-Haushalt in Sachsen-Anhalt verbraucht im Jahr im Durchschnitt 2 850 kWh. Wie hoch sind die Kosten, wenn man von dem jetzt gültigen Preis für die Kilowattstunde ausgeht?

c) Wie hoch ist der Elektroenergieverbrauch pro Jahr in deinem Haushalt? Vergleiche mit dem unter b) genannten Durchschnitt!

____

____

15 Miss mithilfe des Elektrizitätszählers die in deinem Haushalt genutzte elektrische Energie!

Durchführung:

a) Lies zu einem bestimmten Zeitpunkt den Zählerstand möglichst genau ab! Notiere den Wert!

b) Lies 24 Stunden später wieder den Zählerstand ab!

c) Notiere, welche elektrischen Geräte in dem Zeitraum in Betrieb waren und wie lange sie in Betrieb waren!

Auswertung:

Zählerstand: ______________

Zählerstand nach 24 Stunden: ______________

Genutzte elektrische Energie: ______________

Kosten für 1 kWh: ______________

Kosten für 24 Stumdem ______________

Folgende Geräte waren in Betrieb:

1. ______________
2. ______________
3. ______________
4. ______________
5. ______________
6. ______________

 ISBN 978-3-89818-372-7

16 Vergleiche die Gesamtkosten, die beim Betrieb von acht Glühlampen und einer Energiesparlampe gleicher Helligkeit bei 8 000 Betriebstunden entstehen! Ergänze die fehlenden Werte! 1 kWh kostet 0,13 Euro.

Lampenart	Mittlere Lebensdauer	Elektrische Leistung	Anzahl der erforderlichen Lampen	Kaufpreis	Elektrische Arbeit bei 8000 h	Kosten für die elektrische Arbeit	Gesamtkosten
	1 000 h	60 W					
	8 000 h	15 W					

17 Ergänze die in der Tabelle fehlenden Werte für verschiedene elektrische Geräte! Fülle die letzten beiden Zeilen für Geräte aus, die du zu Hause nutzt!

Gerät	Spannung *U*	Stromstärke *I*	Leistung *P*	Arbeit *W* bei 1 h Betrieb
Energiesparlampe	230 V		15 W	
Fahrradscheinwerfer	6 V		2,4 W	
Heizplatte	230 V	4,35 A		
Fernsehgerät	230 V		80 W	
Taschenrechner	3 V		0,3 mW	

18 Bestimme experimentell die elektrische Leistung einer Glühlampe!

Vorbereitung:

a) Welche physikalischen Größen muss man messen, um die elektrische Leistung bestimmen zu können?

b) Entwirf einen Schaltplan zur Bestimmung der elektrischen Leistung einer Glühlampe!

Durchführung:
Baue die Experimentieranordnung nach dem Schaltplan auf! Führe die erforderlichen Messungen durch!

Auswertung:

Messwerte:

Berechnen der Leistung:

Ergebnis:

 ISBN 978-3-89818-372-7

Magnetismus – Magnete und die magnetischen Wirkungen des elektrischen Stroms

1 Zwischen Magneten wirken Kräfte. Beweglich gelagerte kleine Magnete bewegen sich so, wie es in den Skizzen dargestellt ist.
Zeichne die Magnetpole ein (Nordpol: rot, Südpol: grün)! Begründe jeweils deine Entscheidung!

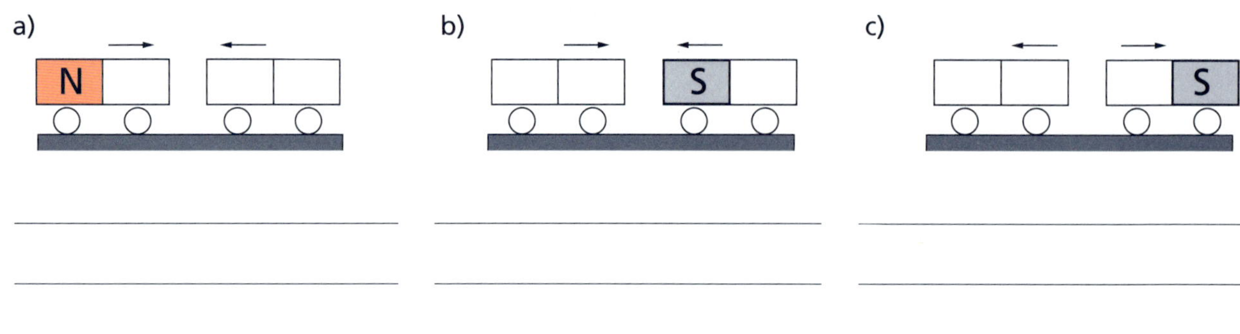

2 Nachfolgend sind die Feldlinienbilder eines Stabmagneten und eines Hufeisenmagneten dargestellt. An die markierten Stellen werden kleine, drehbar gelagerte Magnete gebracht. Zeichne ein, wie sich diese kleinen Magnete ausrichten! Markiere den Nordpol dieser kleinen Magnete rot!

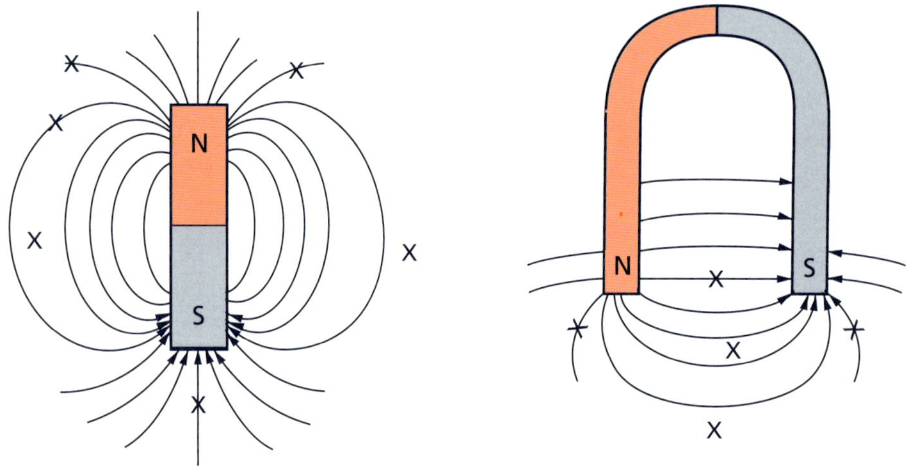

3 Das Foto zeigt, wie sich Eisenfeilspäne im Magnetfeld eines Hufeisenmagneten ausrichten. Skizziere das Feldlinienbild eines Hufeisenmagneten!

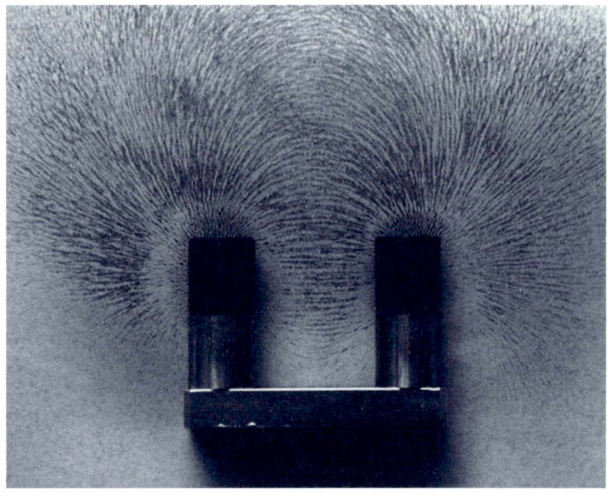

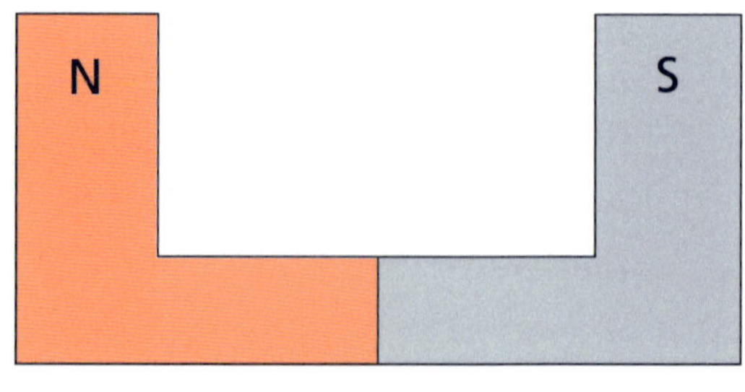

 ISBN 978-3-89818-372-7

4 Die Fotos zeigen, wie sich Eisenfeilspäne im Magnetfeld zwischen zwei Haftmagneten ausrichten.

a) Skizziere das betreffende Feldlinienbild für dieses Magnetfeld!

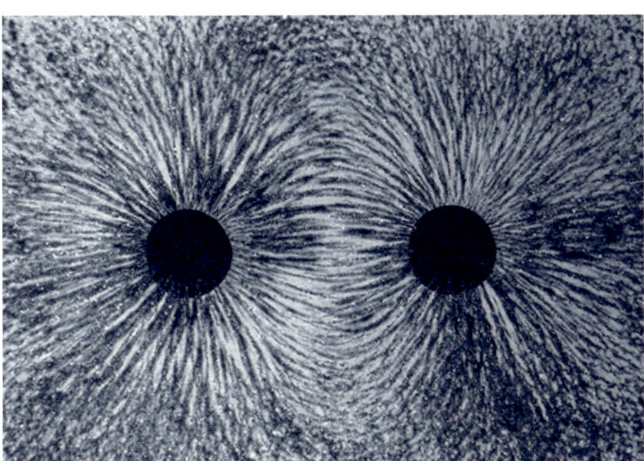

5 Im Magnetfeld der Erde befinden sich kleine Magnetnadeln.

a) Markiere an dem Kreis in der Mitte der Erde die Himmelsrichtungen Ost und West, Nord und Süd!
b) Zeichne den Nordpol (N) und den Südpol (S) des Magnetfeldes der Erde ein!
c) Zeichne in die Skizze ein, wo sich der Nordpol (rot) und der Südpol (grün) der kleinen Magnetnadeln befindet!
d) Vergleiche die Lage der magnetischen Pole der Erde mit der der geografischen Pole!

6 Elektromagnete werden u. a. in elektrischen Klingeln genutzt. Die Skizze zeigt den Aufbau einer solchen Klingel.

a) Zeichne in die Skizze den Stromweg ein!
b) Erkläre die Wirkungsweise einer elektrischen Klingel!

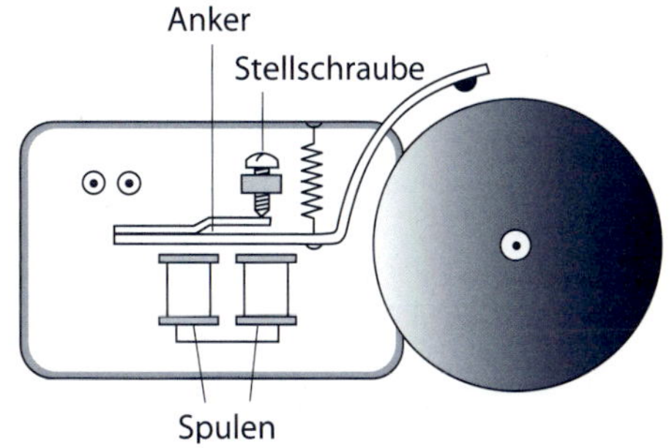

 ISBN 978-3-89818-372-7

7 In einem Magnetfeld befindet sich ein stromdurchflossener Leiter. Zeichne ein, in welcher Richtung auf diesen Leiter eine Kraft wirkt! Angegeben ist jeweils die Richtung des Elektronenstroms. Bei a) und b) zeigt das Magnetfeld in die Blattebene hinein, bei c) aus dieser Ebene heraus.

8 Die Skizze zeigt den Aufbau eines einfachen Gleichstrommotors.

a) Benenne in der Skizze die wichtigsten Teile!

b) Welche Aufgabe hat der Kollektor?

9 Erkläre die Wirkungsweise eines Gleichstrommotors anhand der folgenden Abbildungen! Zeichne die Drehrichtung des Rotors ein!

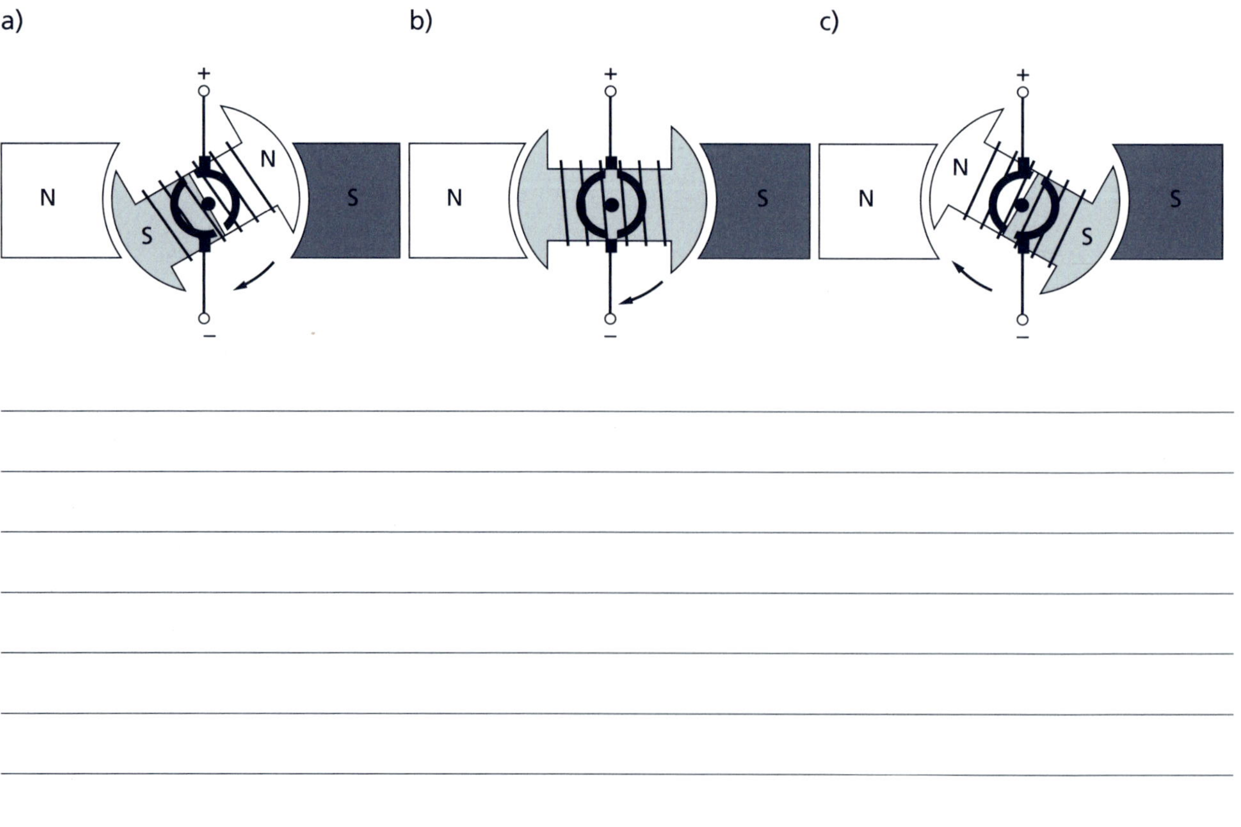

 ISBN 978-3-89818-372-7